작은 씨앗 큰 나눔-디지털 성범죄 예방
## 디지털 성범죄와의 전쟁

**초판 1쇄 발행** 2021년 6월 10일

**글** 최수현
**그림** 이은주
**펴낸이** 구모니카
**디자인** 양선애
**마케팅** 신진섭
**펴낸곳** M&K
**등록** 제7-292호 2005년 1월 13일
**주소** 경기도 고양시 일산서구 고양대로 255번길 45, 903동 1503호 (대화동,대화마을)
**전화** 02-323-4610
**팩스** 0303-3130-4610
**E-mail** sjs4948@hanmail.net

**ISBN** 979-11-91527-01-8 74810
 979-11-87153-00-9 (세트)

※ 값은 뒤표지에 있습니다. 잘못된 책은 바꾸어 드립니다.

# 디지털 성범죄와의 전쟁

내 사진이 인터넷에 뿌려졌다고?

최수현 글 | 이은주 그림

엠앤키즈

## 차례

도아의 대나무숲 • 6

내 사진이 인터넷에 돌아다니고 있어 • 24

요술봉의 요정 티마 • 33

이젠 무사해 • 51

불법 도촬범을 잡다 • 66

내가 아니더라도 • 74

다시 처음으로 • 98

탐정 이도아 • 113

범인은 바로 너! • 130

찬란한 미래 • 146

작가의 말 • 153

## 도아의 대나무숲

202×년 가을, 나는 죽었다.

중학교 진학을 앞둔 6학년 여름방학, 나는 유난히도 혼자인 때가 많았다.

아빠가 안 계신 나는 회사 일 때문에 매일 밤 10시가 되어서야 집에 들어오는 엄마와 단둘이 살았다. 하루에 한 번 학원을 갔다 오는 시간을 제외하고는 온종일 혼자 놀고 혼자 밥 먹는 게 일상이었다.

바쁜 엄마에게 어디 놀러 가자는 얘기는 꺼내지도 못했다. 학교 친구들은 모두 바캉스다, 해외여행이다 바쁜데 나는 학원이 휴강하는 날까지 동네 밖으로 한 발짝도 움직이지 못했다.

혼자 있는 시간이 많아서일까?

나는 요즘 사람들은 왜 이럴까, 이 친구는 왜 이럴까, 세상은 왜 이럴까, 생각이 너무 많아졌다. 그걸 친구들에게 얘기할 수는 없었다. 잘난 것도 없는 내가 이런 생각을 한다는 것 자체가 우습게 여겨질 것 같았기 때문이다.

예쁘고 친구도 많은 시영이, 집안도 부자고 공부도 잘하는 윤서에 비해 나는 너무 가진 게 없다. 잘하는 게 무엇인지도 모르겠다.

게다가 남들 다 있는 아빠도 없다.

나는 평범하지도 못하다.

이런 생각들을 어디다 털어놓고 싶은데 친구들과 얘기하긴 너무 부끄러웠다.

엄마?

엄마는 내 말 따위 무시하거나 관심조차 없을 것이다. 엄마는 9시나 10시에 들어오면 언제나 시끄럽게 싸우는 소리가 내 방까지 들리는 드라마를 틀어 놓고 멍하니 보고 있다. 그럴 때는 내가 뭐라고 얘기하든 관심 밖이다.

원래 친구들과 부지런히 메시지를 주고받던 SNS 계정이 있었다. 처음에는 반짝 흥미가 있었지만 지금은 그것도 시들한 편이다.

친구들의 SNS 계정은 온통 여행 사진들뿐이다. 그곳에 부러워하는 댓글을 달기도 싫었다. 그렇다고 왜 나만 방구석에 처박혀 있어야 하냐는 푸념을 올리기도 그랬다.

엄마가 정말 미웠다. 맨날 바쁘다고만 하지 제대로 휴가 내서 나랑 놀러 한번 간 적 없다. 엄마는 하루 동안 내 생각을 잠깐이라도 할까?

나는 친구들과 연락처를 공유하지 않는 비밀 계정을 만들었다. 계정의 이름은 '되의 대나무숲'이었다. 일기장처럼 사용하던 계정이었는데, 아무도 보지 않는 것이라는 생각에 내 마음을 거기에 모두 쏟아냈다. 친구들에 대한 질투와 부러움, 엄마에 대한 원망과 비난이 거침없었다.

그렇게라도 하지 않으면 숨이 막힐 것 같았다. 내 비밀의 '대나무숲'은 겉모습만이라도 너그럽고 평범한 친구, 말 잘 듣는 착한 딸 이도아로 잘 지낼 수 있게 하는 힘이 되었다.

그런데 어느 날, 누군가 그 비밀 계정에 댓글을 달아 주기 시작했다. 그리고 불쑥 채팅창에 메시지가 떴다.

통령    힘들지?

주변 아무에게도 알리지 않은 비밀 계정이었기 때문에 처음에는 그저 놀랍기만 했다.

대나무    누구세요?

메시지를 보내자 대답이 금방 떴다.

통령    그냥 지나가는 사람
대나무    학생이세요?
통령    ㅇㅇ
대나무    초딩?
통령    헐, 너 초딩이야?
대나무    네, 6학년이에요.
통령    초딩이 벌써 그렇게 사는 게 힘들어 한숨을 쉬면 어떡하냐?

혼자 떠들던 공간이었는데, 누군가 말을 걸어 주는 게 반갑기도 했다. 그만큼 외로웠나? 나를 완전히 모르는 사람이라 내 속마음을 내보여도 안심이 되었다.

'통령'은 자기가 중학생이고, 공부는 그렇게 열심히 하진 않는데 성적은 상위권이며, 친구도 많다고 했다.

> **통령** 나도 너처럼 한부모 집이야. 그런데 솔직히 부모는 한 명만 있어도 귀찮은데 둘이나 있으면 더 귀찮을 것 같지 않아? 우리 아빠도 맨날 술만 먹고 나한테 별로 관심 없는데 어쩌다 한 번 잔소리를 하면 얼마나 귀찮은지…….

통령이 별것 아닌 것처럼 하는 말들은 사실 다 맞는 말도 아니었는데 그 순간 나는 엄마에 대한 불만으로 가득 차 있었기 때문에 통령이 하는 말들이 다 마음에 들었다.

시시콜콜 주고받는 대화가 얼마나 재밌었는지 나는 틈만 나면 통령과 채팅 메시지를 주고받았다.

통령은 소소하게 나에게 음료수 기프티콘 같은 것을 쏴 주기도 했다. 나는 처음에는 사양하다가 순수한 호의로 받아들이고 당연한 듯 받아먹었다. 통령은 내가 외로워 보여서 너무 안쓰럽고 늘 뭔가를 해 주고 싶다고 했다.

어느새 나는 통령에게 마음을 열었고, 온갖 얘기들을 늘어놓기 시작했다.

대나무  그래서 난 아직도 요술봉을 가지고 놀아요. 보석 세 개가 가운데 투명한 큰 보석을 감싸고 있는 건데, 그게 내가 아직까지 갖고 있는 유일한 장난감이거든요.
통령  가슴 아프다. 그게 아빠가 주신 마지막 선물이라고?
대나무  네.
통령  애틋한 그 마음, 나도 알 거 같아. 내 느낌인데, 왠지 너는 얼굴도 예쁠 것 같아.

나는 통령의 메시지에 피식 웃었다.

대나무  나 안 예뻐요.
통령  아니야. 너처럼 말하는 애가 안 예쁠 리가 없어.

나는 외모에 관심 있는 편은 아니었지만 예쁘다는데 기분이 나쁠 리가 없었다.

그런데 잠시 뜸을 들이던 통령이 불쑥 한 가지 제안을 해 왔다.

통령　그러고 보니 우리 얘기한 지 한 달이 다 되어 가는데 얼굴도 모르네. 셀카 한 장만 찍어서 보내 주면 안 돼?

나는 살짝 망설여졌다. 개인 정보 노출이라든가 유포 위험성 때문이 절대 아니었다. 이제까지 나는 별생각 없이 통령에게 내 이름과 다니는 초등학교, 학원 이름까지 다 얘기했다. 심지어 엄마가 어떤 직장에 다니고 어떤 일을 하는지까지 얘기했다. 망설인 이유는 단지 통령이 내 사진을 보고 실망하면 어쩌나 하는 불안감 때문이었다.

대나무　나 못생겼어요.
통령　무슨 상관이야. 나 정말 네 얼굴 보고 싶어.

통령은 이틀 내내 졸랐고, 나는 어떻게든 괜찮아 보이려고 얼굴 양옆을 머리카락으로 가리고 비스듬하게 고개를 숙인 상태로 사진을 찍어 통령에게 보내 주었다.

통령　야, 너 진짜 예쁘구나!
대나무　내 사진 보여 줬으니까 이제 통령 사진도 보여 줘요.
통령　잠깐만.

통령은 한참을 조용하더니 작은 사진 한 장을 보내 주었다. 사진이 흐리고 작아서 얼굴이 또렷하지 않았다. 마치 단체 사진에서 작은 부분을 오려 낸 것 같았다. 학원 근처에서 흔히 볼 수 있는 중학생 오빠들 모습 같아 보이긴 했는데, 이상하게 그게 진짜 통령 사진이라는 생각은 들지 않았다.

대나무　진짜 통령 사진 맞아요? 아쉽네요. 좀 더 크게 찍어서 보내 주지.
통령　미안! 그 사진밖에 없네.

'통령'이라고 종이에 써서 들고 인증 사진이라도 찍으라고 하고 싶었다. 하지만 그러지는 않았다. 솔직히 말하자면 나는 나와 대화해 줄 사람이 너무 고팠고, 통령을 더 의심하면 그런 사이가 벌어질까 봐 두려웠다. 그래서 나는 더 이상 얘기하지 않았다.

하지만 그날 이후로 통령은 자꾸 이상한 사진을 보내 달라고 요구하기 시작했다.

대나무 　엄마가 또 치마 사 왔어요. 미쳤나 봐. 내가 아직도 유치원생인 줄 아나 봐요. 우리 반에 치마 입는 여자애 아무도 없어요.

통령 　예쁠 것 같은데, 뭘.

대나무 　6학년이 누가 치마를 입어요! 학교에 입고 가면 일단 불편하고 남자애들도 장난만 쳐요. 진짜 딱 질색이야.

통령 　아니야. 엄마가 사 준 거니까 꼭 입고 다녀.

대나무 　통령까지 왜 그래요?

통령 　그럼 사진 한번 보내 줘 봐. 내가 입어도 되는지 봐 줄게.

대나무 　무슨 사진?

통령　치마 입고 다리 부분만 찍어서 보여 줘. 진짜 유치원생 같은지 봐 줄게.

이때 뭔가 이상한 걸 알았어야 했는데……. 
나는 그저 순수하게 통령이 내 치마 입은 모습이 궁금해서 그런 줄 알고 거울 앞에 가서 허리 아래만 찍어서 보내 주었다.

대나무　애 같죠?

통령은 한동안 대답이 없었다. 그러고는 뜬금없는 대답을 했다.

통령　너 다리 이쁘다. 의자에 앉아서 찍은 사진도 한 장만 보내 주면 안 돼?
대나무　왜요?
통령　그냥 의자에 앉은 모습도 보고 싶어.

나는 별생각 없이 거울 앞에 의자를 놓고 셀카를 찍으려고 했다. 그런데 카메라를 들이댄 순간 뭔가 느낌이 이상했다. 앉으니까 치마가 훅 올라가면서 허벅지가 훤하게 드러난 것이다.

나는 잠시 망설이다 다시 채팅을 시작했다.

대나무　안 찍으면 안 돼요?
통령　왜?
대나무　그냥요.
통령　그냥 찍어서 보내 주면 안 돼?

나는 대답 없이 한동안 가만있었다. 그러자 휴대 전화가 알림 소리로 난리가 났다. 통령이 연이어서 메시지를 보내며 사진을 보내 달라고 졸랐다.

통령　그냥 치마 입은 거 보고 싶다는 거잖아.
통령　나쁜 의도 아냐.
통령　어려운 거 아니잖아.

나는 통령의 집요함에 은근히 거부감이 들었다.

대나무   이제 사진 찍는 거 그만할래요.

통령   왜?

대나무   그동안 내 사진만 보내 주고 통령이 보내 준 건 그 작은 사진 하나뿐이잖아요. 이건 불공평해.

통령   뭐가 불공평해. 바쁜 중학생인 내가 소중한 시간 뺏겨 가며 초딩인 네 푸념 다 들어 주고 위로해 줬는데 그런 것도 못 해 줘?

나는 순간 멍해졌다. 그동안 통령과 즐겁게 대화를 나누는 것이라고 생각했는데 그는 일방적으로 내게 뭔가를 해 주고 있다고 생각했었나 보다.

통령   너 진짜 이기적이다. 사진 몇 장 찍는다고 네가 손해 볼 게 뭐 있다고 유난이냐?

나는 할 말이 없었다. 생각해 보니 내가 손해 볼 게 없다는 말도 사실인 것 같았다. 힘든 것도 아니고, 시간이나 돈이 드는 것도 아니다. 무엇보다 통령이 화가 난 게 싫었다. 그동안 내 이야기를 들어 주고 위로해 준 사람은 통령밖에 없었는데, 내가 너무 까탈스럽게 군 게 아닌가 싶었다.

나는 통령이 원하는 대로 사진을 찍어 보내 줬다.

그런데 그게 끝이 아니었다. 통령은 그 뒤로 더 세세하게 이런저런 사진을 요구하기 시작했다.

통령　이번에는 정면 보고 있는 사진 한 번만 보내 주면 안 돼? 지난번 사진은 얼굴이 잘 안 보여.

통령　정면 사진 진짜 이쁘다. 그런데 옷을 너무 많이 입었네. 여름인데 왜 그렇게 꽁꽁 싸매고 있어? 네 친구들은 민소매 옷도 많이 입지 않아? 넌 민소매 안 입어? 이번에는 민소매 입고 찍어 줘. 난 여자들 민소매 옷 입은 게 그렇게 좋더라.

통령　우리 이제 많이 친해졌는데 서로 몸 사진 정도는 공유하는 게 좋지 않을까? 너도 이제 그런 거 호기심 있을 나이잖아.

그러면서 통령은 나에게 이상한 사진 한 장을 보내 주었다. 어떤 남자의 상반신 사진이었는데, 옷을 하나도 입고 있지 않았다.

나는 너무 놀라서 휴대 전화를 떨어뜨렸다.

대나무 이게 무슨 사진이에요?
통령 내가 먼저 보냈으니까 네 사진도 보내 줘. 네가 전에 네 사진만 보내는 건 불공평하다며. 그래서 공평하게 내 사진 먼저 보냈어. 그러니까 너도 사진 보내 줘. 저거랑 똑같이!
대나무 남자랑 여자랑 다르죠!
통령 그게 무슨 틀딱 같은 소리야?
대나무 몰라. 싫어요.
통령 너 진짜 너무하다.

그러면서 통령은 잠시 뜸을 들이다가 번호 하나를 슥 보냈다. 매우 익숙한 번호였다. 그 번호를 한참 들여다보던 나는 순간 머리가 멍해졌다.

통령 많이 보던 거지? 이거 네 엄마 번호야.

대나무   이걸 어떻게 알았어요?

통령   내가 왜 닉넴이 통령인 줄 알아? 못하는 게 없는 전지전능한 존재라서야. 너는 나 같은 사람한테 조언받고 같이 논 걸 영광으로 알아야 해.

대나무   우리 엄마 번호 어떻게 알았어요?

통령   내가 네 엄마 번호만 아는 줄 알아? 네 번호, 네가 다니는 학교랑 학원도 다 알아.

통령의 말에 나는 아무 대꾸도 하지 못하고 벌벌 떨기만 했다. 그동안 내가 통령을 너무 믿고 많은 정보를 공유한 탓이었다.

<blockquote>

통령　걱정 마. 그런다고 설마 내가 네 엄마한테 방학 동안 바캉스도 못 갈 만큼 무능하고 무신경한 엄마라고 했다고 고자질하겠니? 나 그렇게 한가하지는 않아. 그냥 이건 네가 나를 너무 우습게 보는 것 같아서 한마디한 것뿐이야.

</blockquote>

통령은 안심하라고 말했지만 나는 더 불안해졌다.

내가 그런 말을 했다는 걸 엄마가 알면 정말 큰일이었다. 통령은 그런 말을 하지 않는다고 했지만 나한테는 그 말을 할 수도 있다는 말로 들렸다. 나는 어쩔 줄 몰라서 초조하게 입술을 깨물며 방 안을 빙빙 돌았다.

<blockquote>

통령　이제 내 말 잘 들을 거지?

</blockquote>

통령이 또 메시지를 보냈다. 하지만 그래도 통령이 보내

준 사진처럼 상의를 다 벗고 사진을 찍는다는 건 말도 안 되는 일이었다.

나는 한참을 망설이다 겨우 대답했다.

대나무　생각 좀 해 보고요.
통령　나 화나게 하면 재미없을 텐데.
대나무　지금 협박하는 거예요?
통령　네가 나 못 믿고 무시하잖아!

계속 같은 말을 주장하는 통령이 무섭고 싫어져서 나는 SNS 앱을 닫고 휴대 전화까지 꺼 버렸다. 가슴이 콩닥콩닥 뛰었다. 다시는 통령과 대화하고 싶지 않았다.

그 뒤로도 통령의 메시지는 계속되었다. 어떤 때는 다정한 말로 달래다가 어떤 때는 난생처음 듣는 욕을 하며 화를 내기도 했다.

나는 무서워서 아예 SNS 앱을 삭제해 버렸다.

## 내 사진이 인터넷에 돌아다니고 있어

그런데 며칠 후, 쉬는 시간이었다.

친구인 시영이, 윤서와 함께 급식을 다 먹고 수다를 떨다 복도에서 남자아이들이 모여서 낄낄대는 것을 보았다.

시영이는 그런 남자애들을 보며 입을 삐죽댔다.

"진짜 저질들이야. 방금 우리 학교 여자애 사진이 게임 커뮤니티 게시판에 떴다고 난리들이야."

그때만 해도 나는 아무 생각이 없었다.

"무슨 사진?"

윤서가 물었다.

시영이는 고개를 저었다.

"몰라. 치마 입은 다리 사진인데, 얼굴은 안 나왔나 봐. 제목하고 태그에 우리 학교 이름이 붙었어. 어떤 나쁜 놈이 우리 학교랑 무슨 원한이 있는 건지……."

하필이면 그날 나는 입고 올 바지가 없어 엄마가 사 준 그 치마를 입고 학교에 왔다. 화장실을 가려고 복도로 나서는 순간 어떤 남자애가 내 치마를 미묘한 눈길로 바라보았다.

이상한 예감이 들었다.

'설마…….'

나는 남자아이들이 모여 있는 곳으로 비틀비틀 다가갔다. 속으로는 '아닐 거야.'를 100번도 넘게 중얼거렸을 것이다.

아이들을 헤치고 들어간 나는 한 남자애가 들고 있는 휴대 전화를 빼앗아 사진을 보았다.

'○○초등학교 여학생 각선미.jpg'라는 제목의 게시물에는 내가 통령에게 보내 준 사진이 좌르르 올라와 있었고, 그 밑에는 차마 적을 수 없는 음담패설이 가득했다.

> 발랑 까진 ○○초 여학생!
> 그런데 멍청하긴 ××× 나게 멍청해서

> 내가 말하면 무슨 사진이든 다 찍어서 보내 준다.
> 오늘 보여 주는 건 아주아주 약한 거.
> 원한다면 더 공개하지.
> ×××한 것도 있고 ×××한 것도 있다.

"야, 너 뭐 하는 거야?"

휴대 전화를 빼앗긴 남자애가 나에게서 다시 휴대 전화를 낚아채 가며 버럭 소리를 질렀다. 그러다 내가 입고 있던 치마를 보고는 흠칫하면서 다른 친구들과 귓속말을 했다. 나는 쥐구멍에라도 숨고 싶은 심정이었다. 끔찍했다. 나한테 도대체 무슨 일이 벌어진 것일까?

나는 그길로 조퇴를 했다.

"그래. 진짜 안색이 많이 나빠 보인다."

선생님은 걱정스러운 표정으로 내 얼굴을 보며 수거해 간 휴대 전화를 돌려주었다.

그런데 휴대 전화를 받자마자 부르르 진동이 울리며 전화가 왔다.

나는 황급히 전화를 받았다.

발신자 표시 제한 번호로 온 전화였다.

"거봐. 내가 나 무시하면 재미없댔지?"

알아들을 수 없게 이상하게 쥐어짠 목소리였는데, 듣자마자 통령이라는 확신이 들었다. 어떻게 내 전화번호를 알았는지 모르겠다. 하긴 우리 엄마 번호도 알아낸 사람이니까. 나는 순간 다리에 힘이 풀려 바닥에 주저앉을 뻔했다.

"도아야, 괜찮니?"

곁에 있던 선생님이 얼른 나를 부축해 주었다.

"괘, 괜찮아요!"

나는 선생님의 손을 뿌리치고 교무실을 나와 도망치듯 집으로 달려왔다.

현관문을 열고 집에 들어서자마자 나는 휴대 전화에 다시 SNS 앱을 깔고 통령에게 메시지를 보냈다.

대나무 혹시 게임 커뮤니티 게시판에 나에 대한 글 올렸어요?

다행히도 통령은 바로 대답해 줬다.

통령 그러게 왜 내 말 안 믿고 나 무시해?

대나무　무시한 적 없어요

통령　사진 안 보냈잖아! 그게 무시한 거지, 뭐야?

대나무　진짜 무시하지 않았어요. 그러니까 그런 글 올리지 마세요.

통령　내 말 안 들으면 얼굴 나온 사진으로 올릴 거야. 네 이름 다 까고 네 엄마한테도 보낼 거야.

대나무　제발! 부탁이에요. 그러지 마세요!

나는 벌벌 떨리는 손으로 계속 통령과 메시지를 주고받았다.

게임 커뮤니티 게시판에 지금 올라온 것은 아무것도 아니다. 다행히 그 게시물에 있는 사진에는 내 얼굴까지 나온 건 없었다. 내 치마를 보고 아이들이 숙덕대도 그냥 우연이라고 둘러대면 된다.

하지만 엄마는 사진을 보면 단번에 그게 나인 줄 알아볼 거다. 가뜩이나 매일 힘들어하는 엄마가, 내가 다쳐도 눈 하나 깜짝 않고 짜증만 내는 엄마가 그런 사진을 본다면 뭐라 할까? 분명히 나만 탓하겠지? 이번엔 얼마나 크게 짜증과 화를 낼까?

통령이 시킨 대로 그런 이상한 사진을 찍어서 보내면 괜찮을까? 통령은 그 사진도 인터넷 게시판에 틀림없이 올릴 것이다. 사진을 찍지 않으면? 내 얼굴이 나오는 정면 사진을 올릴 것이다. 그렇게 되면 그 짧은 치마를 입은 사진의 행실이 나쁘고 발랑 까진 아이가 나라는 게 온 세상에 밝혀져 나는 영원히 얼굴을 들고 다닐 수 없게 될 것이다.

최악 중에서도 최악이다!

엄마는 아직 회사에서 퇴근하기 전이었다.

통령은 그가 말한 대로 엄마에게 사진도 보내고 직접 전화까지 해서 내가 한 이야기를 다 말할까?

그랬다면 엄마에게서 당장 전화가 왔을 텐데 아직 아무 연락도 없다. 하지만 내가 가르쳐 주지 않은 엄마의 전화번호를 알아낸 통령이라면 엄마까지 협박해서 엄마가 지금 아무것도 못 하는 것일 수도 있다.

통령이 엄마까지 힘들게 할 수 있다는 생각을 하니 갑자기 앞이 깜깜해졌다. 온통 세상이 뒤틀리고 망가진 기분이었다.

나는 처음으로 살고 싶지 않다는 게 어떤 기분인지 느껴 버렸다.

눈물이 걷잡을 수 없이 나왔다.

"엄마, 미안해……. 내가 멍청해서……. 내가 바보같이 행동해서……."

책상에 엎드려 한참을 엉엉 울다가 나는 결심을 굳혔다. 방법이 없었다. 이제 더 이상 내가 할 수 있는 게 없었다. 딱 한 가지 빼고. 나는 이것이 최선이라고 생각했다. 두렵고 떨렸지만 내가 할 수 있는 전부였다. 나는 앞에 놓인 메모지를 들어 엄마에게 남기는 '마지막 말'을 썼다. 손이 벌벌 떨렸다.

*"엄마, 너무 슬퍼 마세요. 실망시켜 드려 죄송해요. 행복하세요."*

간단하게 적은 나는 비틀비틀 일어나 나가려고 했다.

그때 내 발에 툭 치이는 게 있었다. 그것은 아빠가 세상을 떠나기 직전에 마지막으로 사 준 장난감이었다. 가운데 커다란 보석을 세 개의 보석이 감싸고 있는 핑크색 요술봉인데, 나는 문제를 풀다가 잘 안 되거나 고민거리가 생겼을 때 이 요술봉을 빙글빙글 돌리곤 했다. 그러면 문제가 잘

풀리거나 고민거리가 해결되는 일이 종종 있었다. 그런 게 아니어도 내게 요술봉은 돌아가신 아빠와의 기억과 연결돼서 뭔가 마음이 따뜻해지는 물건이었다.

그 순간 나는 마음이 너무 추웠고 힘들었다. 결심을 했지만 너무 무서웠고 마음의 위안이 필요했다.

나는 요술봉을 들고 현관을 나서 옥상으로 올라갔다.

## 요술봉의 요정 티마

눈을 떠 보니 익숙한 천장이었다.

나는 무거운 몸을 일으켰다. 주변을 둘러보니 내 방, 내 침대 위였다.

모든 일이 하나도 일어나지 않은 것처럼 주변은 평온하기만 했다. 시간은 7시 30분. 언제나 그랬던 것처럼 정확히 알람 시간에 맞춰 일어났다.

나는 머리를 만져 보았다. 분명 나는 아파트 옥상에서 뛰어내렸고 온몸이 부서지는 듯한 충격을 받았는데, 몸에는 아무 흔적이 없었다. 아프지도 않았다.

'꿈이었나…….'

그럼 나는 여전히 통령에게 협박당하고, 그가 인터넷에 올린 내 사진과 악의적으로 퍼트린 헛소문에 사람들이 낄낄대는 그 현실 역시 그대로인 걸까? 다시 그 고통을 겪고 옥상에서 뛰어내려야 하는 걸까?

나는 절망적인 마음이 되어 한숨을 내쉬었다.

그때 문을 열고 엄마가 들어왔다.

"도아야! 방학 특강 첫날인데 지각할 거니?"

평소 같으면 짜증스러웠을 엄마의 목소리에 울컥했다. 생각해 보니 엄마한테 작별 인사도 제대로 하지 못했는데……. 엄마한테 인사라도 하고 가라고 안 죽은 걸까?

그런데 방학 특강 첫날이라니? 난 2학기 시작하고 한 달쯤 있다 죽었는데?

"방학 특강이라고? 지금 몇 월인데?"

나는 휴대 전화로 날짜를 확인해 보았다. 7월 20일.

내가 그 비밀 계정을 만들기 바로 전날이다.

나는 과거로 돌아와 있었다.

얼떨떨한 기분으로 학원을 갔다 돌아온 나는 침대 밑에서 요술봉을 다시 발견했다. 요술봉은 보석 하나가 깨진 채

놓여 있었다.

내가 기억하는 7월 20일과 다른 점은 오직 그것 하나뿐이었다. 내가 옥상에서 뛰어내릴 때 요술봉에 있는 네 개의 보석은 모두 멀쩡했었다.

'혹시 이 요술봉이 진짜 마법을 부린 게 아닐까?'

나는 너무 어이가 없어 그런 말도 안 되는 생각까지 했다. 골똘히 생각에 빠진 채 요술봉을 돌리고 있을 때였다. 갑자기 쾌활한 목소리가 들렸다.

"안녕! 반가워! 나는 요술봉의 요정 티마라고 해!"

나는 깜짝 놀라서 돌아보았다. 그런데 등 뒤에는 아무도 없었다. 나는 겁에 질려서 주변을 조심스럽게 돌아보았다.

목소리의 주인공은 앉아 있는 내 머리 바로 위에 떠 있었다. 요술봉과 똑같은 핑크색 부푼 원피스를 입은 손바닥만 한 요정이었다. 애니메이션 영화에 나오는 '요정'과 비슷했다.

"어머! 우리 도아 얼굴이 왜 이리 우울해 보일까? 무슨 일 있어?"

"누, 누구세요?"

"나? 나는 하늘에 계신 네 아빠가 널 도와주라고 보내신 요정 티마야. 그 요술봉 안에 갇혀 있다가 보석이 깨지는 순간 밖으로 빠져나왔지."

나는 믿어지지가 않아 요술봉과 요정을 번갈아 보고는, 조심스레 요정에게 손을 뻗어 만져 보려고 했다.

그러자 요정 티마는 새침하게 포르르 날아오르며 내 손길을 피했다.

"함부로 만지는 건 실례야. 특히 요정은 말이지."

"죄, 죄송해요."

"모르고 그런 거니까 괜찮아. 그런데 이상하다. 네 아빠가 너 엄청 개구쟁이라고 하셨는데 영 다르네."

갑자기 눈물이 날 것 같았다. 맞다. 나는 원래 엄청 활발한 아이였다. 크게 노래 부르는 걸 좋아하고 춤추는 것도 좋아하는.

그런데 어쩌다 이렇게 됐지?

"요즘 안 좋은 일이 있었어요. 혹시 내 시간을 돌려준 게 요정님인가요?"

"어, 맞아. 그랬지. 난 시간의 요정이거든."

티마는 나에게만 보이고 목소리가 들리지, 다른 사람에게는 아니라고 했다.

"나를 도와주러 온 건가요? 내가 괴롭힘을 당하는 걸 알고 도와주러요? 그럼 혹시 자기 정체를 숨기고 SNS로 나를 괴롭히는 사람이 누군지 알아내 줄 수 있어요?"

티마는 내 말을 전혀 이해하지 못한 얼굴로 나를 멀뚱히 쳐다봤다.

"도아야, 사실 나는 세상에 100년 만에 나온 거라 지금 세상이 너무 낯설어. SNS가 뭐니? 누가 너를 괴롭히니?"

나는 한껏 기대했다가 그만 맥이 풀렸다. 이 요정은 내가 무슨 짓을 당했는지 얘기해도 하나도 못 알아들을 게 뻔하다. 나는 할 말이 없어서 멍하니 중얼거렸다.

"그렇군요."

"어머, 얘가 왜 이렇게 가라앉았어? 너 정말 무슨 일 있는 거 아냐? 나한테 자세히 말해 봐."

"요정님은 말해 줘도 무슨 이야기인지 모를 거예요."

"그래도 얘기해 봐. 혹시 알아? 얘기하는 것만으로 기분이 나아질지?"

나는 잠시 망설이다가 이 시간 이후로 벌어질 일, 그러니까 내가 앞선 시간 속에서 겪은 통령과의 일을 얘기했다. 너무 무섭고 우울한 일이었지만 그 누구에게도 털어놓을 수 없는 일이었고, 나 이외의 사람들에게는 보이지도 않는 요정이라면 무슨 얘기든 해도 될 것 같았다.

티마는 "어머!", "세상에!", "아이고야!", "어쩌면 좋니……." 다양하게 맞장구를 치며 내 이야기를 열심히 들어 주었고, 티마가 알아듣는지 어쩐지 몰라도 나는 얘기하는 것만으로도 내 편이 생긴 것 같아 울적한 기분이 서서히 가셨다.

"그랬구나. 그래서 네 아빠가 나를 보내셨구나."

"흑흑…… 그런가 봐요. 요정님……."

나는 정신없이 눈물을 흘리며 대답했다. 하지만 그것은 슬픔의 눈물이 아니었다. 안심의 눈물이었다. 너무나 무섭고 떨렸는데 누군가 내 편이 되어 주고 따뜻하게 손을 잡아 준 느낌이랄까.

요정 티마는 포르르 날아와 내 어깨를 작은 손으로 두드려 주며 말했다.

"그럼 이제 시간을 되돌아왔으니까 그런 상황이 되지 않게 잘 피하면 되겠네."

"네. 이제 비밀 계정 같은 거 절대 안 만들고 낯선 사람하고는 말도 안 섞을 거예요!"

나는 혹시나 해서 친구들과 메시지를 주고받거나 선생님들과 반별 정보 공유를 위해 공개적으로 만들어 두었던 SNS 계정까지 모두 없애 버렸다.

"그래그래, 잘했어, 도아야. 이제부터는 내가 네 수호천사도 되어 주고 친구도 되어 줄게. 참, 말도 친구들 대할 때처럼 편하게 해. 내 이름도 부르고."

티마의 말에 나는 든든해졌다. 수호천사, 아니 수호 요정이라니! 상상도 못 해 본 일이었다.

"도아야, 명심해. 시간을 되돌리는 기회는 이제 두 번밖에 없어."

"작은 보석이 세 개라서?"

"그래. 그중에 하나를 썼지."

나는 요술봉을 들여다보았다. 가운데 박힌 커다란 보석은 어떻게 쓰는 물건인지 궁금했다.

"티마, 이 가운데 있는 보석은 뭐야?"

"그건 지금은 비밀! 나중에 알려 줄게."

티마는 싱긋 웃었다. 티마의 미소에 나도 같이 미소를 지어 주었다. 몇 달 만에 웃는 것인지 모르겠다.

티마는 시간을 되돌리는 일과 내 이야기를 들어 주는 것밖에 할 수 없지만 나는 누구보다 소중한 친구를 얻은 것 같았다.

"도아야, 요즘 무슨 일 있어?"

시영이가 분식점에서 김밥을 먹으며 물어보았다.

"아니. 그냥 공부에 집중하려고 SNS 없애 버린 거야."

"에이, 내가 SNS 비밀 계정 만드는 법 알아냈는데 아예 없애 버렸어? 아깝다."

나는 떡볶이를 먹고 있던 포크를 내려놓고 나도 모르게 시영이를 노려보았다. 이게 다 시영이가 알려 준 비밀 계정 때문인데…….

시영이가 놀라서 나를 바라보았다.

"왜, 왜 그래?"

나는 황급히 고개를 저으며 다시 떡볶이를 먹었다.

"아니야, 아무것도."

"도아 너 요즘 좀 이상하다."

"그러게 말이야. 도아 너 아까 수업 시간에는 또 왜 그런 거야?"

내 옆에서 떡볶이를 먹고 있던 윤서가 갑자기 생각난 듯 키득거렸다.

사실 아빠의 부탁이었다며 하루 종일 뒤를 졸졸 쫓아다니는 요정 티마 때문에 나는 좀처럼 수업에 집중할 수가 없었다.

티마는 수업 시간에 파워포인트 화면이 획획 넘어가는 게 신기하다며 소리를 꺅꺅 질렀고, 나는 그 소리가 다른 사람들에게는 들리지 않는다는 걸 알면서도 조용히 하라며 티마에게 주의를 주다가 선생님에게 "지금 나더러 조용히 하란 거니?"라는 말을 들었다.

"그냥 옆에 있던 애들이 좀 떠들길래."

나는 대충 둘러대고 옆에서 떡볶이 국물을 맛보고 맵다며 파닥파닥 날갯짓을 하는 티마의 부푼 치맛단을 포크로 콱 찍어 눌렀다.

"그렇게까지 안 해도 알아들어."

시영이는 내가 포크로 빈 테이블을 찍자 놀란 목소리로 말했다.

"너도 진짜 윤서처럼 영재고라도 가려고 작정했어? SNS도 끊고 게임도 안 하게?"

"야! 그 포크에 내 다리라도 찍혔으면 나같이 연약한 요정은 바로 죽는다고! 넌 무슨 애가……!"

나는 시영이와 티마 두 사람이 동시에 하는 말에 머릿속이 뒤죽박죽이었다.

"그런 거 아냐."

"그럼 우리 이번 일요일에 드래곤플라자 가지 않을래? 나 지난주에 할머니 만나고 와서 용돈 많이 받았어."

시영이가 말했다.

"글쎄."

드래곤플라자는 이 근방에 사는 사람들이 제일 많이 가는 번화가였다. 버스를 타고 15분 정도 가야 하는데, 거기에 예쁜 옷가게도 많았고 우리가 잘 가는 코인노래방도 많았다.

"어, 저기 민호 쌤 아냐?"

윤서가 분식집 입구에 서 있는 남자를 보며 소리쳤다.

고개를 들어 보니 학원에서 아르바이트를 하는 대학생 오빠 민호 쌤이었다. 민호 쌤은 공대생이라 가끔 수학 문제

풀이도 도와주고는 했다.

"민호 쌤! 안녕하세요!"

윤서가 크게 인사했다. 민호 쌤은 깜짝 놀라서 이쪽을 바라보았다.

"어, 너희 여기 있었구나."

민호 쌤이 어색하게 인사했다. 조용히 김밥만 사 가지고 가려고 했는데 우리에게 들켜서 조금 귀찮은 것 같았다.

"선생님, 김밥 드세요?"

시영이가 물었다.

"어."

민호 쌤은 귀찮은 듯 짧게 대답했다. 나는 시영이랑 윤서가 제발 그만 좀 말을 걸었으면 했는데, 아이들은 어떻게든 민호 쌤의 반응을 끌어내려는 것처럼 계속 큰 소리로 말을 걸었다.

"민호 쌤! 떡볶이 좀 드시고 가세요!"

"괜찮아. 그럼 나 먼저 간다!"

민호 쌤은 재빨리 김밥을 받아들고 나가려 했다. 그 뒤에 대고 시영이와 윤서는 크게 "안녕히 가세요! 민호 쌤!" 하고 인사하며 깔깔댔다.

민호 쌤은 뒤도 돌아보지 않고 나갔지만 시영이가 큰 소리로 "민호 쌤 진짜 바보 같지 않냐?"라고 하는 소리를 들었을 것이다.

민호 쌤은 좋은 대학을 다니고 수학 문제도 이해하기 쉽게 풀이해 주지만 수줍음이 많아 아이들과 그닥 친하게 지내는 편은 아니었다. 하지만 착해서 아이들이 짓궂은 장난을 쳐도 별다른 반응 없이 넘어가곤 했다. 그럴수록 아이들은 더 심하게 놀리거나 장난을 쳤다.

"야, 다 들렸겠다!"

나는 시영이한테 핀잔을 주었다. 하지만 시영이는 아무렇지 않은 듯했다.

"왜? 민호 쌤은 그래도 아무 말 안 해."

나는 할 말이 없었다. 생각해 보니 나도 원래 저렇게 민호 쌤을 놀리는 것에 아무렇지 않았던 것 같았다. 하지만 한 사람을 두고 여러 명이 놀리는 걸 사라진 시간 속에서나마 겪어 보니 남의 일 같지 않았다. 그게 나와 전혀 다른 경우라 해도 말이다.

집에 돌아오니 엄마는 이미 퇴근해 돌아와 있었다.

이렇게 일찍 온 적이 별로 없어서 나는 엄마가 너무 반

가웠다. 하고 싶은 이야기가 너무 많았다. 하지만 통령의 일도 얘기할 수 없었고, 티마의 일도 얘기할 수 없었다.

그래도 무슨 이야기라도 하고 싶었다. 엄마는 피곤해서 아무 말도 하고 싶지 않다는 표정이었지만 나는 피곤한 엄마가 있는 일상으로 돌아온 것도 너무 신났다.

그때 문득 티마가 아빠가 보내 준 요정이란 것이 생각났다. 나는 조심스럽게 물어봤다.

"엄마, 혹시 내가 갖고 노는 요술봉 알아? 그거 아빠가 돌아가시기 전에 마지막으로 사 주신 건데 말이야······."

"몰라, 엄마 피곤해."

엄마는 타 놓은 커피를 앞에 놓고 마시지도 않고 소파에 기대 쓰러졌다.

"아빠가 병원 가시기 전에 나를 어떤 시장에 데려갔는데, 거기에는 진짜 이상한 장난감들밖에 없었거든. 좋아하는 캐릭터도 하나 없고 다 짝퉁밖에 없어서······."

"아휴, 그 사람도 참. 좀 좋은데 데려가지."

엄마가 영혼 없이 중얼거렸다. 나는 정색했다.

"좋은 데였어. 그때 거기서 아빠가 진짜 멋진 선물을 해 줬잖아. 아빠가 그때 사 준 게 진짜 요술봉이었어."

"뭔 소리야?"

엄마는 심드렁하게 물으면서 텔레비전을 켰다. 곧 서로 소리를 지르며 싸우기만 하는 막장 드라마가 방영되었고, 엄마는 나와의 대화에 흥미를 잃었다.

나는 심술이 나서 발을 거칠게 내뻗어 테이블을 찼다. 그 바람에 엄마가 타 놓고 마시지 않은 커피 잔이 바닥으로 나동그라져서 챙그랑 깨지고 말았다.

"이도아!"

엄마는 소리를 질렀다. 나도 놀라서 얼른 일어나 쏟은 커피를 닦을 행주를 가지러 가다 그만 커피 잔 조각에 발을 찔리고 말았다.

"아야!"

금세 발에서 피가 배어 나왔다. 따끔따끔 너무 아팠다.

"이 사고뭉치야! 가뜩이나 피곤해 죽겠는데 너까지 정말 이럴래?"

엄마는 신경질적으로 소리를 지르더니 발을 쿵쿵 울리며 부엌으로 갔다.

나는 서러워서 눈물이 났다.

엄마는 행주로 커피를 닦고 신문지에 깨진 커피 잔을 옮겨 담으며 나에게 구급상자를 내밀었다.

"뭐 하고 있어? 얼른 들어가지 않고?"

"알았어! 들어갈 거야!"

나는 엄마가 내민 구급상자를 들고 절뚝이며 내 방으로 향했다.

"저게, 뭘 잘했다고 저래?"

나는 방으로 들어가다 말고 우뚝 멈춰 섰다.

"그래, 나 잘한 거 없어. 없는데, 엄마도 마찬가지 아냐? 나한테 관심도 없고 내가 다쳐도, 아파도 귀찮아하는 것만 잘하지?"

나는 악을 쓰듯이 외쳤다.

"뭐야? 그럼 네가 심술 내다 다친 거까지 우쭈쭈 해 줘야 하니?"

"그, 그래도 딸이 어디가 어떻게 다쳤는지 한번 볼 생각은 해야 하는 거 아니야?"

발에서는 피가 흐르고 있었다. 엄마가 한 번이라도 봤다면 놀랐을 것이다.

그제야 엄마는 내 발에서 피가 흐르는 걸 보고 놀라는 눈치였다.

"피가…… 많이 나네. 이리 와 봐, 도아야."
"됐어!"
나는 문을 쾅 닫고 내 방으로 들어와 버렸다.

서러워서 눈물이 뚝뚝 떨어졌다. 나도 아픈데 내 상처에는 아랑곳하지 않고 바닥만 치우는 엄마가 너무 원망스러웠다. 생각해 보면 늘 그랬다. 엄마는 회사를 다닌다는 핑계로 나를 한 번도 제대로 돌보지 않았다.
"어허, 엄마한테 그러면 쓰나."
티마는 100년 전에나 세상에 나와 봤다는 옛날 요정답게 고리타분한 소리를 했다.
"엄마는 나한테 관심이 하나도 없어."
"너 먹여 살리려고 회사에서 일하느라 힘들어서 그러는 거잖아."
"……그래, 어쩌면 부모는 귀찮은 존재라고 생각하는 게 편할 수도 있겠다. 난 한 사람밖에 없어서 다행이란 말이 정말이네."
"그게 무슨 소리야? 누가 그런 소리를 해?"
생각해 보니 그런 말은 통령한테 말고는 들은 적이 없었다. 나는 상처 지혈을 하고 나서 밴드를 붙이다 말고 세차게 고개를 저었다.

"아니야! 그냥 내가 스스로 생각한 거야! 누구한테 들은 것도 아니고 그런 사람 만난 적도 없어!"

티마는 그런 나를 보며 안타깝다는 듯이 쯧쯧 혀를 찼다.
"그 통령이란 녀석이 그랬구나."

티마의 얘기에 갑자기 불안해졌다. 지나간 악몽 같은 순간들이 아무리 내가 노력해도 사라지지 않고 또 닥쳐올 것만 같았다.

나는 휴대 전화를 집어던지고 이불을 뒤집어썼다.

아무 일도 벌어지지 않았는데, 생각만 했는데도 온몸이 벌벌 떨렸다.

## 이젠 무사해!

휴대 전화와 SNS를 무슨 벌집처럼 피해 다니길 두 달째. 개학을 했고 운명의 그날이 다가왔다. 바로 내가 옥상에서 떨어진 그날이었다.

나는 하루 종일 조마조마하게 하루가 무사히 지나가길 빌었고, 결국 그날은 아무 일 없이 조용히 지나갔다.

그동안 나는 통령이 내게 했던 것들이 '온라인 그루밍'이라는 것을 인터넷을 통해 알아냈다. 온라인 그루밍은 온라인상에서 호감을 사거나 신뢰 관계를 맺은 뒤 약점을 잡아서 괴롭히거나 심각하게는 성범죄까지 일삼는 심각한 범죄라고 했다. 내가 왜 그렇게 통령에게 마음을 주고 그의 말이면 꼼짝 못하게 됐는지 이해할 것 같았다.

그런데도 도대체 내 전화번호나 엄마 전화번호 같은 것을 어떻게 그렇게 손쉽게 알아냈는지 알 수가 없었다. 아무리 내가 내 이름이나 엄마 직장 같은 정보를 술술 얘기했대도 말이다.

나는 아직도 통령이 정말 무섭고 뭐든 할 수 있을 것 같았다. 중학생보다는 나이도 훨씬 많을 것 같은데……. '통령'이란 닉네임대로 진짜 정치 쪽에 연관이라도 있는 사람이 아닐까, 그런 생각까지 들었다. 그러면 내가 신고를 해도 아무 소용이 없지 않을까? 그렇다면 지금까지처럼 최대한 피하는 쪽이 최선인 것 같았다.

12시 자정이 딱 지나가자 나는 눈물이 쏟아졌다. 이제 나는 아무 문제 없이 평범하고 착한 이도아 학생으로 계속 살 수 있는 것이다. 나는 티마를 끌어안고 감격의 눈물을 흘렸다.

"이게 다 꿈이라 해도 고마워. 시간을 되돌릴 수 있어서 살았어! 앞으로도 다시는 SNS를 하지 않을 거야! 그런 나쁜 놈 다시 안 만나게 해 줘서 고마워! 티마, 고마워! 아빠,

감사해요!"

"도아야, 너 진짜 힘들었구나……."

내가 우는 모습을 보고 티마도 눈시울을 붉혔다. 그리고 우느라 얼굴이 빨개진 나를 위해 날개로 파닥파닥 바람을 일으켜 주었다.

다음 날, 나는 시영이에게 말했다.

"우리 이번 주 일요일에 드래곤플라자 갈래?"

"……갑자기?"

시영이는 어리둥절해했다. 그런 말을 꺼낸 게 벌써 두 달 전인데 대답을 이제야 한 것이니, 당연했다. 하지만 나는 이런 해방감으로 어디든지 가고 싶었고, 번화가가 아니라 어느 시골 동네라 해도 가자고 했을 것이다.

"용돈 별로 없는데……."

시영이가 주저했다.

"내가 다 쏠게. 나 그동안 거의 쓴 게 없어서 용돈 많이 남았어."

"나도 갈래! 같이 가!"

잠자코 듣고 있던 윤서가 외쳤다.

우리는 깜짝 놀라 윤서를 돌아보았다.

"너 정말 그런 데 가도 돼?"

윤서네 집은 굉장히 엄격했다.

"이번 주에 엄마랑 아빠 여행 가셔. 이런 절호의 기회를 놓칠 수야 없지."

시영이는 배시시 웃었다.

"마침 잘 됐네. 내가 특별한 이벤트를 준비할 수도 있을 것 같아."

"뭔데?"

"비밀! 그런데 도아 너 요즘 무슨 일 있어? 오늘따라 기분 엄청 좋아 보인다."

윤서가 거들었다.

"그러게. 너 레벨 테스트 성적도 안 좋았잖아."

"그딴 거랑 비교도 할 수 없는 좋은 일이야."

"……뭘까? 궁금하다."

시영이와 윤서는 고개를 갸우뚱했다.

기다리던 일요일이 왔다. 시영이는 자꾸 나보고 최고로 예쁘게 입고 오라고 했지만 그런 것에 관심 없는 나는 그냥 편안한 티에 반바지를 입고 나갔다. 윤서도 마찬가지였다.

시영이는 털털한 차림의 우리를 보고는 신경질을 내며 가방에서 색깔 있는 립밤을 꺼내 발라 주었다. 나는 기겁을 하며 지우려 했지만 시영이가 그렇게 초딩 티를 내고 싶으냐고 쏘아붙여서 하는 수 없이 어색한 입술을 하고 드래곤 플라자로 향했다.

"옴마야, 갑자기 입술이 쥐 잡아먹은 거 같네."

입술 색깔이 진해진 나를 보며 티마가 놀려 댔다.

"조, 조용히 해!"

"지금 누구한테 하는 얘기야?"

시영이와 윤서가 내 말을 듣고 눈이 동그래져서 동시에 물었다.

"아무것도 아니야."

나는 땀을 뻘뻘 흘리며 웃었다. 티마는 정말 고마운 요정인데…… 내 인생을 구해 준 요정이긴 한데…… 정말 참견쟁이다.

우리는 예쁜 카페에 들러 스무디도 먹고 케이크도 먹었다. 그리고 코인노래방을 갔다.

그런데 노래방 입구에서 웬 낯선 중학생 오빠 세 명이

우리를 기다리고 있었다.

시영이가 활짝 웃으며 말했다.

"내가 지난번에 말한 특별한 이벤트야. 어때?"

윤서는 얼굴이 새빨개졌다.

"야, 나 엄마가 알면 혼나."

"그냥 게임에서 만난 오빠들이야. 마침 인원 수가 딱 맞길래 오늘 여기서 만나기로 했어."

"말도 없이 이러는 게 어디 있어?"

나는 소리를 낮춰 쏘아붙였다. 기분이 나빠 나가려고 하는데 시영이가 붙잡았다.

"도아 네가 여기서 이러고 나가면 내가 뭐가 돼! 잠깐 몇 곡만 부르고 가자. 응?"

"그래, 도아야. 교회 오빠들이랑 몇 번 놀아 봐서 아는데 중학생 오빠들이랑 놀면 되게 재밌어!"

윤서도 거들었다.

나는 몇 번이나 더 싫다고 했지만 시영이와 윤서가 하도 잡아끄는 바람에 어쩔 수 없이 다시 코인노래방으로 끌려갔다.

중학생 오빠들은 우리 동네에서 한 시간이나 넘게 떨어

진 동네에서 산다고 했다. 그 오빠들 중 한 명이 나보고 예쁘다고 몇 번이나 칭찬해 주었지만 기분은 조금도 좋아지지 않았다. 오히려 불쾌했다.

나는 억지로 한 곡을 부르고 복도로 나왔다.

"이도아, 너 너무한 거 아니니?"

시영이가 뒤쫓아 나오며 투덜댔다.

"너 예전에는 우리 반 남자애들이랑 같이 코인노래방 가서 손잡고 춤추고 별거 다 했잖아! 그런데 왜 갑자기 얌전한 척해?"

"걔들은 다 아는 친구들이니까 그랬지! 나는 모르는 사람이랑 만나는 거 싫어!"

"내가 아는 사람들이라고! 나 저 오빠들이랑 게임에서 만난 지 1년도 더 됐어!"

"직접 만난 건 오늘이 처음이라며? 그런데 뭘 보고 저 사람들이나 우리 학교 친구들이나 똑같대?"

"게임에서 만나는 거나 직접 만나는 거나 뭐가 다른데? 학교 친구들은 1년 내내 봐도 스티커 한 장 안 나눠 주지만 저 오빠들은 나한테 아이템도 사 주고 대신 레벨업도 시켜 주고, 얼마나 착한데!"

"너도 인터넷에서 만나는 사람 너무 믿지 마! 그러다 진짜 큰일 난다! 그러지 말고 우리 나온 김에 그냥 쇼핑하고 집에 가자. 응?"

"싫어! 그렇게 집에 가고 싶으면 너 혼자 가!"

시영이는 휙 몸을 돌려 노래방 안으로 들어가 버렸다. 나는 시영이가 걱정됐지만 그래도 게임에서 만난 사람들은 통령과는 좀 다르지 않을까 생각했다. 그리고 직접 저렇게 얼굴을 드러내고 만난다는 것은 좀 더 거리낄 게 없다는 뜻이 아닐까 하는 생각도 들었다.

내가 너무 과민 반응인가 싶어 일단 화장실에 들러 생각을 정리하기로 했다.

변기에 앉아 어떻게 해야 할지 생각에 잠겨 있는데 티마가 옆 칸에서 포르르 날아왔다.

"도아야, 있잖아, 내가 100년 전 요정이라서 그런지 모르겠는데……."

나는 티마를 올려다보았다. 티마가 난처한 얼굴로 옆 칸을 흘끔거리고 있었다.

"응?"

"요즘에는 여자가 화장실 가면 남자가 쫓아와서 고백하

고 그러니?"

"그, 그게 무슨 소리야?"

"도아 네가 화장실 들어가니까 아까 너랑 같이 노래방에 있던 남자애가 바로 옆 칸으로 쫓아오더라고. 처음에는 화장실에 볼일을 보러 온 건 줄 알았는데, 볼일은 안 보고 네가 있는 옆 칸에만 신경 쓰고 있길래……."

나는 놀라서 티마가 가리킨 쪽을 바라보았다.

이 노래방 화장실은 남녀 공용이긴 하지만 남자애가 나를 쫓아와서 옆 칸에서 볼일도 안 보고 있다는 것은 뭔가 이상했다. 아니나 다를까, 화장실 칸막이 위에 휴대 전화가 올려져 있었다.

나는 얼른 바지를 올리고 밖으로 나와 옆 칸 문을 부서져라 발로 찼다. 걸쇠가 헐거웠는지 문이 충격을 받고 활짝 열렸다.

역시나 아까 같이 방에 있던 중학생 오빠 중에 한 명이 휴대 전화 셀카봉을 황급히 정리하고 있었다.

"내놔요."

"무, 무슨 소리야?"

"휴대 전화 당장 내놔요!"

나는 강제로 그에게서 휴대 전화를 빼앗으려 했지만 힘센 중학생 남자를 이기기는 무리였다. 그런데 우리가 실랑이하는 소리를 들었는지 화장실에 들어오려던 다른 언니가 상황을 파악하고 재빨리 112에 신고를 했다.

"경찰이죠? 지금 홍대 ○○노래방 화장실에 몰카범이 나타났어요!"

그러자 중학생 오빠가 나를 확 밀치고 화장실에서 뛰쳐나가더니 그대로 도망을 가 버렸다.

나는 씩씩대며 노래방 안에 있는 시영이에게 달려가 따졌다.

"거봐! 내가 뭐랬어! 뭐, 아이템도 사 주고 레벨업도 시켜 주는 착한 오빠? 당장 그 오빠 연락처 내놔!"

다행히 빨리 신고해 준 언니 덕분에 불법 도촬범은 멀리 도망 못 가고 근처에서 잡혔다. 하지만 나는 경찰서에 가서 진술을 하고 나와야 했다.

당연히 엄마도 달려왔다. 엄마는 엄청나게 놀랐지만 별다른 말은 하지 않았다. 혼날까 봐 걱정한 것에 비해서는 나쁘지 않은 반응이었지만 문제는 나였다. 그 뒤로 계속 막연한 불안감에 시달렸다.

'화장실에서 찍힌 내 사진이 통령 때처럼 인터넷에 퍼졌으면 어떡하지?'

나는 몇 번이나 게임 커뮤니티 사이트에서 '화장실'을 검색해 보며 혹시나 내 사진이 올라왔으면 어떡하나 걱정했다. 경찰은 그 불법 도촬범이 빨리 잡혀서 내 사진을 미처 다른 곳에 올리지 못했다고 했는데, 그전에는 상습적으로 인터넷에 도촬한 사진을 올리곤 했던 파렴치한 사람이었다고 한다.

알고 보니 내가 노래방에서 노래 부를 때도 몰래 내 사진을 찍은 게 있었다고 하니 혹시 그 사진을 통령처럼 이상하게 만들어서 올렸을지도 모를 일이었다.

엄마는 컴퓨터를 붙잡고 전전긍긍하는 내게 화가 났는지 다짜고짜 컴퓨터를 꺼 버렸다.

"경찰이 네 사진은 그놈이 안 올렸다고 했잖아! 그러니까 이제 그만해!"

나는 화가 벌컥 났다.

'엄마는 내가 또 귀찮은 거지? 내가 이상하게 구니까. 뭐 때문에 걱정하는 건지 알아볼 생각도 안 하고…….'

나는 말없이 엄마의 팔을 뿌리치고 침대에 들어가 이불을 뒤집어썼다.

엄마가 한숨을 쉬며 방을 나가자 티마가 다가왔다.

"정말 나는 이해가 안 간다. 몰래 용변 보는 사진을 찍는 것도 그렇고 그런 걸 다른 사람들도 보게 인터넷이란 곳에 올린다고?"

"이해가 안 가지? 나도 정말 이해가 안 돼. 나는 그냥 친구들과 놀고 싶었고, 쉬가 마려웠을 뿐인데 왜 이렇게 괴로워하고 고통받아야 하는지……."

"그래, 도아야. 네가 잘못한 거 하나도 없어. 그렇게 생각하면 괴로워할 이유도 없지 않겠니?"

"그래도 창피를 당하는 건 나인걸. 언제 사진이 올라올지 모른다고!"

티마는 잠시 생각하다 포르르 날아와 침대 밑 요술봉을 마법으로 끌어당겼다.

거기에는 아직 시간을 돌릴 수 있는 보석 두 개가 남아 있었다.

"도아야, 내가 혹시라도 인터넷에 올라오거나 퍼져 있는 사진을 없애 줄 수는 없지만 시간을 되돌려 줄 수는 있어.

그렇게 해 줄까?"

나는 침대에서 벌떡 일어났다. 이제까지 왜 이 생각을 하지 못했지?

"그래, 티마! 드래곤플라자에 가기 전으로 시간을 되돌려 줘! 도촬범을 만나기 전으로 돌아가면 사진이 찍히기 전에 도촬범을 붙잡을 수 있잖아!"

"하지만 생각을 잘 해야 해. 네가 원하는 시간대로 이동해서 중요한 포인트를 바꾼다고 하더라도 너에게 벌어질 일이 아예 안 벌어지는 건 아냐."

"무슨 소리야?"

당황하며 묻자 티마가 몹시 진지한 표정으로 설명했다.

"세상일은 아주 미묘해서 작은 변화로도 큰 차이를 만들어 내는 것 같지만 결국 겪게 될 일은 겪을 수밖에 없다는 말이야."

"그러면 나는 언젠가 또 통령 같은 놈을 만날 수밖에 없다는 말이야?"

"세상에 그런 놈들이 너무 많아서……."

"이렇게 조심하는데도?"

"언제는 네가 뭘 잘못해서 그런 일을 겪었니? 조심하지 않아서 나쁜 녀석한테 사진 찍힌 것도 아니잖아."

나는 혼란스러웠다.

"그럼 어떻게 해야 돼?"

"생각을 잘 해서 과거를 바꿔야 해."

나는 티마의 말을 천천히 되새겼다. 그러면서 한참 동안 생각을 했다.

"……그럼 친구들이랑 코인노래방에서 노래 부르던 시간으로 옮겨 줘."

## 불법 도촬범을 잡다

눈을 떠 보니 쿵쾅쿵쾅하는 노래방 기계음이 사방에 울려 퍼지고 있었다.

나는 사흘 전 시영, 윤서와 함께 코인노래방에서 중학생 오빠들을 만나서 노래를 부르던 그 순간으로 와 있었다.

시영이는 신나게 탬버린을 흔들고 있었고 윤서는 자리에서 일어나 노래를 부르고, 한 오빠는 랩을 하고 있었다. 문제의 도촬범은 흥미 없다는 표정으로 휴대 전화만 만지작거리고 있었다.

나는 그런 그를 가만히 노려보았다.

'저렇게 혼자 휴대 전화 보는 척하면서 우리 사진을 몰

래 찍고 있었겠지?'

나는 그 휴대 전화를 낚아채서 바닥으로 집어던지고 싶은 마음을 가라앉히느라 부글부글했다.

지금은 때가 아니었다.

저 노래가 끝나고 나는 복도로 나갔고, 쫓아 나온 시영이와 입씨름을 하다 화장실에 가서 불법 도촬범에게 용변 보는 사진을 찍혔다.

'현장에서 잡아야 해.'

나는 화장실 사진을 찍히기 전에 도촬범을 신고해서 경찰에 넘길 생각이었다. 화장실 사진은 아니더라도 그의 휴대 전화 속에는 수많은 불법 도촬 사진들이 들어 있을 게 분명하므로, 충분히 처벌을 받게 할 수 있을 것이다.

나는 노래가 끝날 즈음 복도로 나왔고, 역시 시영이가 뒤따라 나왔다.

"이도아, 너 너무한 거 아니니?"

시영이가 짜증 섞인 목소리로 투덜댔다.

"너 예전에는 우리 반 남자애들이랑 같이 코인노래방도 가서 손잡고 춤추고 별거 다 했잖아! 그런데 왜 갑자기 얌전한 척해?"

"조용히 하고 너는 그냥 방으로 돌아가."

나는 시영이 귀에 속삭였다.

"무슨 소리야?"

"왜 그런지는 말해 줄 수 없지만 하여간 내가 시키는 대로 해."

시영이는 투덜대면서도 내가 등을 떠밀자 마지못해 방으로 들어갔다. 나는 화장실로 가며 112를 눌렀다. 그리고 코인노래방 화장실에 불법 도촬범이 있다는 사실을 알렸다. 나는 화장실 칸 안으로 들어가 옷을 그대로 입은 채 메모지를 꺼내 뭔가를 썼다.

그때 옆 칸에 누군가 들어오는 소리가 들렸다. 나는 화장실 칸막이 위를 올려다보았다. 아니나 다를까, 슬그머니 휴대 전화가 넘어왔다. 아무 소리가 안 나는 걸로 보아 무음 셔터 앱까지 이용해서 도촬을 하는 것 같았다.

나는 휴대 전화 쪽으로 메모지를 들이댔다.

'넌 이제 끝이야, 몰카범아.'

그리고 그 휴대 전화를 내 전화로 촬영했다.

똑똑똑!

바로 그때 화장실 옆 칸을 누군가 두드렸다.

"경찰입니다! 여기 불법 도촬범이 있다는 신고가 들어와서요!"

경찰 아저씨의 목소리가 화장실에 울려 퍼졌다. 하지만 옆 칸에서는 아무 소리도 들리지 않았다.

나는 문을 박차고 나가 옆 칸을 세게 두드렸다.

"당장 나와! 너, 내가 불법 도촬하는 거 다 봤어!"

도촬범은 안에서 무엇을 하는지 잠시 버티다가 경찰이 계속 문을 두드리자 걸쇠를 열고 순순히 나왔다.

그런데 중학생 오빠가 경찰에게 끌려 나오면서 메모리가 텅 빈 휴대 전화를 내밀며 당당하게 소리쳤다.

"왜 이래요! 전 아무 사진도 안 찍었어요! 저는 그냥 볼일 보러 온 거예요."

휴대 전화를 다급하게 초기화시킨 모양이었다. 하지만 나는 경찰 아저씨에게 그가 화장실 칸막이 위로 셀카봉을 내밀어 불법 촬영하는 모습을 찍은 내 휴대 전화 사진을 증거로 내밀었다. 불법 도촬범은 그대로 경찰에게 잡혀갔다.

"아무리 초기화시켜도 소용없어. 디지털 포렌식도 모르니? 네가 지운 사진을 몽땅 복구해서 불법 촬영한 사진 증거들을 다 찾아낼 수 있다고!"

경찰 아저씨는 고개를 푹 숙인 중학생 오빠를 향해 호통을 쳤다. 화장실에서 벌어진 소란에 노래방 안에 있던 시영이와 윤서도 달려와서 보고 깜짝 놀랐다.

"이게 도대체…… 무슨……."

화장실에서 나오면서 시영이가 훌쩍였다.

"도아야, 정말 미안해! 내가 그런 나쁜 사람들인 줄도 모르고……."

윤서도 얼굴이 새하얗게 질려서 뒤에 서 있었다. 시영이가 훌쩍거리자 윤서가 무섭게 쏘아붙이기 시작했다.

"그러게 왜 알지도 못하는 오빠들을 만나? 우리까지 이게 무슨 꼴이야?"

"됐어. 미안하다고 하잖아."

나는 윤서를 진정시켰다.

"난 몰라! 경찰 아저씨가 나도 경찰서 와서 뭐 말해야 된대. 이거 우리 엄마, 아빠 알게 되면 나 맞아 죽어!"

윤서가 울음을 터뜨렸다. 부모님이 엄격하다 보니 뒷일이 걱정되는 듯했다.

"미안해…… 정말 미안해……."

시영이는 고개를 푹 숙이고 우리에게 계속 미안하다는 말만 했다.

윤서는 계속 신경질을 부리고 있었다. 나는 윤서에게 차분하게 말했다.

"이런 일은 아무도 예상할 수 없는 거야. 그리고 불법 촬영한 놈들이 나쁜 거지, 그 사람들을 믿은 시영이가 잘못한 게 아니잖아."

시영이가 울다 말고 멍한 얼굴로 나를 바라보았다. 윤서처럼 자기를 탓할 줄 알았는데 그러지 않아서 놀란 듯했다.

"도아야……."

"괜찮아……. 괜찮아."

나는 시영이를 끌어안으며 함께 울었다.

소리를 지르며 문을 두드리긴 했지만 솔직히 너무너무 무서웠다. 조금만 늦게 경찰이 도착했다면, 그 녀석이 낌새를 눈치채고 도망갔다면, 사진을 못 찾게 아예 휴대 전화를 버리거나 망가뜨렸다면 어떻게 됐을까?

원래는 드래곤플라자에 가기로 했던 날 전으로 가서 아예 다른 약속을 할까 생각했지만 티마의 말을 듣고 내 생각을 바꾸었다.

어차피 일어날 일이라면 나 스스로 부딪혀 돌파하는 편이 낫다.

세상이 왜 이러는지 모르겠다. 온라인 그루밍 성범죄에 휘말려서 죽다 살아났더니 불법 도촬범에게 당했다. 기적처럼 티마가 나타나지 않았다면 나는 두 번 다 억울하게 당하고 지은 죄도 없이 불안에 떨어야 했을 것이다. 초등학교 6학년이 겪어야 하는 일치고는 엄청나다고 생각했다.

하지만 인터넷에서 뉴스 기사를 찾아보고 생각이 바뀌었다. 나처럼 억울하게 당하고 있는, 아니 나보다 더 심하게 당하고 피해를 입은 어린이와 청소년들이 생각보다 너무너무 많았다.

## 내가 아니더라도

시영이는 그 뒤로 온라인 게임을 그만두었다고 한다. 나도 이제까지처럼 조심하기 위해서 휴대 전화로 SNS는 하지 않고 전화를 걸고 받는 최소한의 용도로만 사용했다.

평범한 나날들이 계속되었다. 하지만 불법 도촬범을 잡은 경험은 조금 특별했다. 통령과의 일 이후로 나를 괴롭혀 오던 막연한 불안감들이 많이 줄어든 것이다.

무엇보다 우리나라에는 경찰이 가까이 있고 신고하면 바로 달려온다는 사실을 알았다. 그리고 여성 경찰분이 불안해하는 우리를 위해 여러 가지를 가르쳐 주었는데, 혹시라도 그런 불법 도촬범에게 디지털 성범죄를 당했다면 도와주는 기관이 생각보다 많다고 했다.

"디지털 성범죄 피해자 지원 센터라고 아니?"

경찰관이 가르쳐 준 이 지원 센터로 전화하면 여러 가지를 상담해 준다고 했다. 또 혹시라도 불법 도촬범이 사진을 올린 걸 발견했을 때 삭제하는 걸 도와주고 경찰에 신고하는 것도 도와준다고 했다.

또 처음 불법 도촬범에게 화장실 사진을 찍혔을 때 실랑이를 벌이는 나를 보고 얼른 112에 신고해 준 언니처럼 도움을 줄 이웃들도 있다. 그러니까 무조건 겁을 집어먹고 숨기보다 주변 사람들에게 도움을 청해야 한다.

"도아야, 그 시간으로 돌아가 그 나쁜 녀석을 직접 잡을 생각을 한 건 정말 용감했어. 하지만 다음에 혹시라도 이런 일을 당했는데 내가 없다면 꼭 주변에 도움을 청해야 해. 이번처럼 직접 나서는 건 위험해."

"알았어, 티마. 나도 이번에 겪고 나서 주변에 도움을 주는 사람들이 많다는 걸 느꼈어."

이후 나는 막연한 공포심에서 어느 정도 벗어나 편안하게 일상생활을 할 수 있었다.

그러다 학교와 학원 생활이 지겹고 힘들어질 때쯤, 친구들의 성화에 이제 다시 SNS를 해도 되지 않을까 하는 생각이 슬그머니 고개를 들었다.

"얘, 너 또 그 SNS 하려고?"

티마가 SNS 앱을 검색하는 나를 보며 참견했다.

"원래 SNS 자체가 나쁜 게 아냐. 친구들이랑 서로 사진도 공유하고 얼마나 재밌는데. 그걸 나쁘게 쓰는 사람들이 문제인 거지."

"물론 그렇지만, 아직은 조심해야 하지 않을까? 보석이 이제 하나밖에 남지 않았어."

나는 갑자기 티마가 지난번에 한 말이 생각났다.

'다음에 혹시라도 이런 일을 당했는데 내가 없다면 꼭 주변에 도움을 청해야 해.'

설마 티마가 언젠가 나를 떠날 수도 있다는 건가? 그렇다면 나는 무서운 일을 당해도 다시는 시간을 되돌리지 못하고 그대로 살아갈 수밖에 없는 걸까?

"티마, 너는 언제까지 내 곁에 있는 거야? 내가 다 클 때까지? 아니면 저 보석을 다 쓸 때까지?"

티마는 잠깐 조용히 있다가 대답했다.

"내가 네게 필요할 때까지."

"나는 네가 계속 내 곁에 있어 줬으면 좋겠어. 시간을 되돌릴 수 없어도 네가 있어 줘야 든든하단 말이야. 내 수호천사라며? 난 네 도움이 필요해."

"아니야. 네 곁에는 나 말고도 너를 도와줄 사람들이 많이 있어."

나는 고개를 저었다.

"그래도 나한테는 티마 네가 필요해."

"나도 네 곁에 영원히 같이 있고 싶어. 하지만 네가 어떤 위기라도 이겨 낼 만큼 단단해지고 너에게 진짜 믿을 만한 조력자가 생기면 나는 언제든지 떠날 거야."

"흠…… 그게 언제쯤인데? 그 조력자는 언제 나타나는 거야? 설마 그런 일이 또 생길 거라는 거야?"

"내가 그랬지? 세상일은 미묘해서 작은 변화로도 큰 차이를 만들어 내는 것 같지만 결국 겪게 될 일은 겪을 수밖에 없다고."

그랬다. 티마는 언젠가 겪게 될 일은 겪을 수밖에 없다고 했다. 나는 언젠가 통령이나 통령만큼 나쁜 사람을 또 만날 수 있다. 그때는 티마 말고 정말 누군가 나타나서 나를 도와줄 수 있을까? 나는 SNS 앱을 깔려고 열어 두었던 휴대 전화 화면을 슬그머니 닫으면서 생각했다.

내 주변에 그럴 사람이 있을까?

슬슬 날씨가 쌀쌀해지고 있었다.

시영, 윤서와 나는 수행 평가를 위해 우리 집에 모여서 과제를 하고 있었다. 그런데 시영이와 내가 노트북으로 자료를 찾고 있는 동안 윤서는 계속 휴대 전화로 누군가와 메시지를 주고받았다.

계속 울리는 휴대 전화 메시지 알림 소리가 신경에 거슬렸다. 익숙한 SNS 알림 소리였다.

나는 윤서가 그렇게 길게 누군가와 메시지를 주고받는 것을 본 적이 없었다. 윤서네 엄마는 우리 엄마와는 다르게 매일매일 휴대 전화를 검사한다고 했다.

그래서 윤서는 우리하고도 밤 시간이 되면 메시지를 주고받지 못했다. 그런데 요즘 윤서네 엄마가 윤서 오빠의 유학 때문에 잠시 해외로 나갔다고 한다. 그래서 윤서는 생전 처음 맛본 자유로움을 휴대 전화를 마음껏 사용하는 것으로 누리는 것 같았다.

가끔씩 새벽에 오는 윤서의 메시지에 잠이 깰 때도 있었다. 하지만 최근에는 그런 윤서의 메시지도 뚝 끊겼다. 누군가 윤서와 메시지를 주고받는 사람이 따로 있는 모양이었다.

윤서는 한참 메시지를 주고받다가 화장실을 갈 때도 휴대 전화를 들고 갔다.

"쟤 요즘 채팅으로 누구 만나는 거 같아."

윤서가 화장실에 가자 시영이가 나에게 나지막하게 속삭였다.

채팅에 데일 대로 데인 나는 깜짝 놀라서 외쳤다.

"채티잉?"

"하긴 넌 인터넷으로 누구 만나고 그런 거 싫어하지? 걱정하지 마. 윤서는 게임으로 만나는 거 아니고 그냥 SNS 친구래."

"뭐 하는 사람인데?"

"나도 잘 몰라."

나는 몰래 윤서가 들어간 화장실 앞에서 소리를 엿들었다. 윤서는 화장실에 들어간 지 한참 되었지만 나오지 않고 있었다.

 화장실에서는 아무 소리도 들리지 않았다. 그런데 조그맣게 '찰칵', '찰칵' 하면서 휴대 전화로 사진 찍는 소리 같은 게 들렸다.

 나는 놀라서 문을 쾅쾅 두드렸다.

 "윤서야! 너 지금 안에서 뭐 하는 거야! 문 열어! 당장 문 열어 봐!"

 하지만 윤서는 한참 동안 문을 열지 않다가 당황한 얼굴로 겨우 문을 열었다.

 나는 윤서가 나오자마자 휴대 전화를 확 빼앗아 사진첩을 확인했다. 하지만 사진첩에는 크게 확대된 뾰루지 사진만 있었다.

 "목 뒤에 뾰루지 같은 게 나서…… 확인하려고 찍은 거야. 도아 너 왜 그러는 거야?"

 윤서는 황당하다는 듯이 나를 바라보았다.

 "도대체 무슨 상상을 한 거야? 자기 혼자 있는 화장실에서 윤서가 몰카라도 찍었을라고?"

 시영이도 다가와서 어이없다는 듯 말했다.

 "그런 거 아냐!"

나는 윤서에게 거칠게 휴대 전화를 내주면서 말했다.

윤서가 채팅으로 만나고 있다는 사람한테 내가 통령에게 그랬던 것처럼 이상한 사진이라도 보내고 있으면 어쩌나 걱정됐던 것이다. 하지만 두 사람은 절대 상상도 하지 못할 일이겠지.

"미안해, 윤서야. 내가 예민했어."

나는 윤서에게 사과했지만 불안한 마음은 여전했다.

윤서는 그 일이 있은 후에도 절대 휴대 전화를 손에서 놓지 않았다.

나는 계속 윤서를 유심히 관찰했다.

휴대 전화를 보면서 히죽히죽 웃던 윤서의 표정이 가끔씩 어두워지는 것이 아무래도 불안했다.

학원 성적표가 나오는 날이었다.

나는 학원을 많이 다니긴 하지만 우리 엄마는 그닥 성적에 관심 있는 편은 아니었다. 공부하라고 강압적으로 얘기하지도 않았다. 나도 그렇게 열심히 다니는 건 아니고 집에 가면 늘 혼자 있어야 하니까 친구들과 함께 어울릴 수 있는 학원을 가는 게 나을 뿐이었다.

하지만 윤서는 그렇지 않았다. 윤서는 학원에서도 가장 높은 레벨 반에 속해 있었고 영재고를 목표로 공부를 열심히 하는 아이였다. 그런데 이번 달 학원 레벨 테스트에서 윤서는 그만 꼴찌를 하고 말았다. 다음 달에는 그 반에 다닐 수 없게 된 것이다.

모두들 충격적인 결과에 윤서의 표정을 살폈다. 윤서가 금방이라도 눈물을 터뜨릴까 봐 조마조마했다. 하지만 그 와중에도 윤서는 휴대 전화만 보고 있었다.

"저렇게 휴대 전화만 들여다보다가 레벨 테스트 떨어진 거잖아."

시영이가 내게 귓속말을 했다.

나는 윤서에게 위로를 해 주어야겠다고 생각했다.

"부모님한테는 다음에 더 잘하겠다고 말씀드려. 괜찮을 거야."

그런데 윤서는 아무렇지 않다는 듯 말했다.

"아휴, 세상에 제일 귀찮은 게 부모라니까. 얼마나 잔소리를 해댈까?"

나는 눈살을 찌푸렸다. 저렇게 세상 다 아는 것처럼 나쁜 말을 하는 사람을 알고 있었다. 그건 통령이었다.

'혹시 통령이?'

나는 무슨 일이 있어도 꼭 윤서의 휴대 전화 속을 들여다보리라 결심했다.

하지만 윤서의 휴대 전화를 들여다보는 건 쉬운 일이 아니었다. 윤서는 밥을 먹을 때도, 화장실을 갈 때도 언제나 휴대 전화를 꼭 손에 쥐고 있었다.

"진짜 아무것도 못 봤단 말이야?"

나는 티마에게 윤서가 휴대 전화로 뭐 하는지 들여다봐 달라고 부탁도 했다. 하지만 티마는 윤서가 머리로 가리고 있어서 무슨 말을 주고받는지 하나도 못 봤다고 했다.

"그리고 솔직히 요즘 애들 하는 말은 무슨 말인지 통 알아볼 수가 없어."

티마는 난처한 듯이 머리를 긁적였다. 하긴 100년 전 요정이니 그럴 만도 했다.

나는 한숨을 푹 쉬며 거리를 걷다가 문득 무언가를 발견하고 퍼뜩 아이디어 하나가 떠올랐다.

휴대 전화 케이스 상점을 지나가다 윤서가 쓰는 케이스와 똑같은 케이스를 발견한 것이다. 윤서는 커다란 캐릭터 인형이 달린 말랑말랑한 케이스를 썼다. 윤서의 휴대 전화는 나와 기종이 같아서 내 휴대 전화에 그 케이스를 씌우면 윤서의 휴대 전화와 똑같아 보일 것 같았다. 그러면 잠깐이지만 윤서를 헷갈리게 할 수 있을지도 모른다.

"아저씨, 이거 얼마예요?"

그런데 생각보다 값이 비쌌다. 사실 내 마음에 드는 스타일의 케이스는 아니었지만 나는 눈물을 머금고 용돈을 털어 윤서와 같은 케이스를 샀다.

"진짜 똑같네."

나는 인형 케이스를 씌운 휴대 전화를 시영이에게 보여 주었다. 이 계획은 나 혼자 해서는 안 될 것 같았기 때문에 조력자를 구해야 했다.

"그런데 이걸로 뭘 하려고?"

"넌 잠깐 윤서가 휴대 전화를 손에서 놓게만 해 주면 돼. 뭐가 좋을까…… 그래! 수학 문제를 풀어 달라 하자!"

"에이, 내가 언제 그런 거에 관심이 있었다고."

시영이가 손을 마구 휘저었다.

"그런데 왜 그렇게 윤서 전화가 보고 싶은데?"

나는 잠시 고민하다 시영이에게도 미리 주의를 주면 좋을 것 같아서 '온라인 그루밍'에 대한 기사를 검색해서 보여 주었다.

"……그러니까 채팅이나 게임에서 우리 같은 어린 청소년들을 나쁜 목적으로 이용하기 위해 잘해 주고 길들이는 거래. 너도 당해 봤잖아. 게임 아이템 사 주고 레벨업 시켜 줘서 만난 다음에 뭐 하려고 그랬는지."

"헉! 그럼 내가 당한 것도 온라인 그루밍이야?"

"따지고 보면 그렇지. 내 예감이 틀리길 바라지만, 윤서가 혹시라도 그런 거 당하면 안 되잖아?"

놀란 얼굴로 기사를 한참 들여다보던 시영이는 나를 빤히 보았다.

"그런데 너 지난번에도 그렇고 이런 사건에 대해 되게 많이 안다."

"알아둬서 나쁠 거 없잖아."

시영이는 고개를 끄덕였다.

"하긴 생각해 보니 네가 그때 경찰에 신고하고 그런 거나 윤서한테 나 두둔해 주면서 하는 말도 엄청 어른스러워서 나 쪼꼼 감동 먹었잖아."

나는 고개를 갸우뚱했다.

"내가 뭐라 그랬는데?"

"기억 안 나? 이런 일은 아무도 예상할 수 없는 거라고. 그리고 불법 촬영한 놈들이 나쁜 거지, 그 사람들을 믿은 내가 잘못한 게 아니라고 했잖아."

나는 머쓱해져서 머리를 긁적였다.

"그때 너한테 빚진 게 있으니까, 아니 우리 친구 윤서를 돕기 위한 거니까 나도 열심히 도울게. 그런데 윤서가 얼마나 열심히 수학 문제를 풀어 줄지 모르겠다. 의심 안 할지도 모르겠고."

 학원에서 쉬는 시간이 되자 우리는 저녁을 먹기 위해 분식점에 갔다.
 "와, 진짜 똑같다."
 윤서는 내가 새로 장만한 휴대 전화 케이스를 보더니 신기해했다.
 "네 거 보고 너무 예뻐서 나도 어제 똑같은 거 하나 샀어. ……기분 안 나쁘지?"
 "기분 나쁠 일이 뭐가 있어. 그런데 우리 헷갈리지 않게 조심해야겠다. 기종이 똑같은데 케이스도 같으니까 누구 건지 못 알아보겠어."
 "그러게. 그건 생각을 못 했네."
 나는 멋쩍게 웃었다.
 윤서는 메뉴를 고르고 음식이 나오길 기다리는 동안에도 분주하게 누군가와 메시지를 주고받았고, 나는 시영이와 은밀하게 눈짓을 했다.
 시영이는 문제지를 꺼내서 윤서에게 내밀었다.
 "윤서야, 넌 우리보다 훨씬 높은 레벨이니까 이런 거 쉽게 풀 수 있지? 나 이 문제 하나만 풀어 줘."

윤서가 의외라는 듯 시영이를 바라보았다.

"네가 웬일이야? 수학 문제를 다 물어보고."

"나도 공부 나름 열심히 해."

"선생님한테 물어보면 되잖아."

"지금 밥 먹고 그러면 선생님한테 물어볼 시간이 어디 있어. 네가 좀 가르쳐 줘, 응?"

윤서는 고개를 갸우뚱하며 들고 있던 휴대 전화를 내려놓고 시영이가 내민 샤프펜슬을 들었다. 윤서와 맞은편에 앉은 나는 테이블 위에 놓인 윤서의 휴대 전화 옆에 자연스럽게 내 휴대 전화를 놓았다.

그러고는 슬그머니 내 휴대 전화를 다시 집어드는 척 윤서의 폰을 집어들었다.

윤서가 잠금을 푸는 패턴은 미리 엿봐서 잘 알고 있었다. 나는 재빨리 윤서 휴대 전화의 잠금을 풀었다.

'내 생각이 제발 틀렸으면 좋겠다.'

솔직히 이 생각이 컸다.

풀자마자 당장 뜨는 건 SNS 앱이었다. 방금 전까지 누군가와 메시지를 주고받은 흔적이 있었다.

통령   이번에는 정면 보고 있는 사진 한 번만 보내 주면 안 돼? 지난번 사진은 얼굴이 잘 안 보여.

통령   정면 사진 진짜 이쁘다. 그런데 집인데 옷을 너무 많이 입었네. 나는 여자들 민소매 입은 게 그렇게 좋더라. 민소매 입은 사진 한 장만 보내 주라.

통령   우리 이제 많이 친해졌는데 서로 몸 사진 정도는 공유하는 게 좋지 않을까? 너도 이제 그런 거 호기심 있을 나이잖아.

아주 익숙한 내용들이었다. 스크롤을 올리는 손이 벌벌 떨렸다.
"그러니까 여기서 원주율을 곱하면……."
윤서가 시영이한테 설명해 주고 있는데, 내가 휴대 전화를 소리 나게 테이블에 내려놓았다.
"너 요즘 누구랑 메시지 주고받는 거야?"
원래 계획은 윤서가 어떤 사람이랑 어떤 메시지를 주고받는지만 확인한 후 경찰에 신고하거나 윤서 엄마한테 알릴 생각이었다. 우리 엄마와 달리 윤서 엄마는 그런 문제에 누구보다 빨리 움직일 사람이니까.

하지만 통령의 닉네임을 보고 나도 모르게 너무 충격을 받아 방금 전까지 윤서의 휴대 전화를 훔쳐봤다는 걸 윤서에게 실토해 버리고 말았다.

윤서는 내가 방금 테이블에 내려놓은 게 자기 휴대 전화라는 걸 알고 얼굴이 하얗게 질려서 벌떡 일어났다. 그리고 나를 밀치며 소리 질렀다.

"너…… 너 내 전화 본 거야?"

"그래! 너 요즘 너무 위험해 보여서 들여다봤어! 너 당장 그놈이랑 연락하는 거 끊어!"

분식집 사람들이 웅성대며 우리를 쳐다보았다. 시영이가 어쩔 줄 모르고 우리 사이에 서 있었다.

"얘들아, 이러지 마……."

윤서가 시영이를 홱 돌아보며 노려보았다.

"그러고 보니 너도 한 패구나?"

"윤서야, 너 온라인상에서 얼굴도 못 봤는데 잘해 주는 사람 믿으면……."

"너희가 뭘 안다고 그래?"

윤서는 빽 소리를 지르며 휴대 전화를 들고 분식집을 나가려 했다.

나는 다급하게 윤서를 붙잡으며 계속 소리 질렀다.

"지금이라도 당장 신고해! 너희 엄마에게 알려! 제발, 윤서야!"

"너 우리 엄마한테 한마디라도 하면 죽여 버릴 거야!"

윤서는 매섭게 소리친 뒤 나를 뿌리치고 분식집을 도망치듯 빠져나갔다.

윤서는 그 뒤로 우리와 한마디도 하지 않았다. 나는 어떻게든 윤서와 더 얘기해 보려 했지만 윤서는 나를 계속 모르는 척했다.

그동안에도 어쩌다 마주친 윤서는 계속 휴대 전화를 들고 누군가와 메시지를 주고받고 있었다. 그런데 점점 윤서의 표정이 눈에 띄게 어두워지고 있었다. 나는 그런 윤서를 걱정스럽게 바라보았다.

윤서의 어머니는 해외로 가셔서 연락이 되지 않았다. 나는 어떻게든 윤서의 일을 알리려고 윤서네 반 선생님에게 의논을 드렸다.

선생님은 깜짝 놀라서 윤서를 상담실로 불러 물어봤다. 하지만 윤서는 SNS 앱을 감쪽같이 지우고 그런 일 없다고 딱 잡아뗐다. 중간에서 나만 이상한 사람이 되었다.

그런데 어느 날 학교에서 이상하게 낯익은 풍경이 눈앞에 펼쳐졌다.

급식을 다 먹고 시영이와 수다를 떨고 있는데 복도에 남자아이들이 모여서 낄낄대고 있는 광경을 보게 된 것이다.

시영이는 그런 남자애들을 보며 입을 삐죽댔다.

"진짜 저질들이야. 방금 우리 학교 여자애 사진이 게임 커뮤니티에 떴다고 난리들이야."

가슴이 쿵쾅쿵쾅 뛰었다.

"무슨 사진?"

시영이는 고개를 저었다.

"몰라. 얼굴도 안 나오고 그냥 짧은 반바지 입은 사진인데, 제목하고 태그에 우리 학교가 붙었어. 어떤 나쁜 놈이 우리 학교랑 무슨 원한이라도 있는 건지……."

나는 황급히 윤서를 찾았다. 하지만 윤서는 어디에도 없었다.

복도 한 구석에서는 남자애들이 모여 낄낄대며 휴대 전

화로 사진을 보고 있었다.

나는 그곳으로 비틀비틀 다가갔다.

그리고 아이들을 헤치고 들어가 한 남자애가 들고 있는 휴대 전화를 빼앗아 사진을 보았다.

'○○초등학교 여학생 각선미.jpg'라는 제목의 게시물에는 윤서가 짧은 반바지를 입고 찍은 사진들이 올라와 있었고, 그 밑에는 내가 익히 봤던 음담패설이 가득했다.

> 발랑 까진 ○○초 여학생!
> 그런데 멍청하긴 xxx나게 멍청해서
> 내가 말하면 무슨 사진이든 다 찍어서 보내 준다.
> 오늘 보여 주는 건 아주아주 약한 거.
> 원한다면 더 공개하지.
> xxx한 것도 있고 xx한 것도 있다.

"야, 너 뭐 하는 거야!"

휴대 전화를 빼앗긴 남자애가 나에게서 다시 휴대 전화를 낚아채 가며 소리를 질렀다.

나는 복도를 돌아다니며 애타게 윤서를 불렀다.

"윤서야! 박윤서!"

"도아야!"

시영이가 내게 달려왔다. 역시나 얼굴이 땀에 젖어 있었다.

"윤서 방금 조퇴했대!"

나도 그길로 조퇴를 했다.

모든 것이 내가 티마를 만나기 전과 똑같았다. 나는 통령이란 닉네임에게 사진을 보내고 그걸로 협박을 받아 옥상으로 올라갔다. 윤서도 이상한 사람과 한동안 인터넷으로 대화를 이어 가는 것 같더니 그게 통령이었고, 나와 똑같은 일을 당했다.

나는 윤서네 아파트 옥상으로 달려갔다.

윤서가 아슬아슬하게 난간에 매달려 있었다.

"윤서야!"

나는 부리나케 달려가서 떨어지려는 윤서를 붙잡았다. 아슬아슬하게 윤서의 팔을 붙잡을 수 있었다.

"놔줘! 난 더 이상 살기 싫어!"

"네가 잘못한 거 아니야! 네가 이러면 안 돼!"

"멍청하게 사진 보내고 그런 거 다 내가 먼저 한 짓인걸.

난 이미 끝났어!"

"그놈이 나쁜 거야! 네가 죽을 이유 없어! 죽으려면 그놈이 죽어야지, 왜 우리가 죽어야 해!"

나는 눈물을 터뜨리며 두 팔로 온 힘을 다해 윤서를 잡아당겼다.

그랬다. 왜 나쁜 짓을 한 놈들은 잘 살고 있는데 피해자인 우리만 힘들고, 죄책감을 느끼고, 죽기까지 해야 하는지 이유를 알 수가 없었다. 우리는 너무나 순진하고 조금 방심한 것일 뿐인데 그에 비해 지나치게 고통받고 있었다.

윤서는 계속 팔을 흔들며 빠져나가려고 했다. 나도 더 이상 힘에 부쳤다.

이제는 마지막 한 가지 방법밖에 떠오르지 않았다.

"티마! 티마!"

"안 돼, 도아야! 보석은 이제 하나밖에 남지 않았어!"

티마도 다급하게 소리쳤다. 그랬다. 보석은 하나밖에 남지 않았고 티마는 아빠가 나를 위해 보내 준 요정이었다. 그 보석은 나중에 내게 곤란한 순간이 왔을 때 시간을 되돌리기 위해 사용해야 했다.

하지만 나는 그런 걸 생각할 겨를이 없었다.

그 순간 윤서가 난간에 딛고 있던 발을 앞으로 내디뎠다.
"으앗!"
밑으로 떨어지려는 윤서의 한쪽 팔을 붙들고 나는 다급하게 외쳤다.
"티마, 시간을 되돌려 줘! 처음, 처음 내가 돌아갔던 그 순간으로!"

## 다시 처음으로

눈을 떴다. 익숙한 천장이었다.

휴대 전화를 들고 날짜와 시간을 확인했다. 7월 20일 7시 30분. 내가 처음 옥상에서 떨어졌을 때 되돌아갔던 시간이었다.

문을 열고 엄마가 내 방으로 들어왔다.

"도아야! 방학 특강 첫날인데 지각할 거니?"

모든 것이 그때 그대로다. 나는 이 순간을 이제 세 번째 맞이하는 거다.

엄마가 방을 나간 후, 나는 침대 밑의 요술봉을 꺼내 확인해 보았다.

가운데 하나의 보석을 빼고 다른 세 개의 보석 모두가 깨져 있었다.

"도아야, 어떡하냐? 너 이제 방학 특강을 세 번째 들어야겠다."

티마가 한숨을 쉬며 옆에서 말을 걸었다.

"그게 중요한 게 아냐."

나는 이불을 박차고 휴대 전화를 집어 들었다. 그리고 재빨리 SNS 앱을 깔고 비밀 계정을 만들었다.

'돠의 대나무숲'

"뭐 하는 거야?"

티마가 놀라서 휴대 전화를 빼앗으려고 했다. 하지만 요정인 티마는 내 손가락 하나를 겨우 잡았을 뿐 아무것도 하지 못했다.

"아무래도 내가 통령을 피해 가니까 그놈이 다른 애들을 찾은 것 같아. 그래서 걸린 게 윤서였던 거고."

"그런데?"

"원래대로 내가 걸려 주겠어."

"그리고?"

"미끼가 되어서 그놈을 잡을 거야!"

나는 노래방 도촬범을 112에 신고해서 잡았을 때의 통쾌함을 기억했다. 그리고 그렇게 깔끔하게 사건을 해결했을 때 막연하고 끝없던 불안감이 사라졌던 것을 떠올렸다.

마냥 두려워하고 피한다고 끝날 일이 아니었다. 용기가 필요했다. 더 이상 도망치지 않을 용기가.

이젠 그전처럼 마냥 끌려다니지 않을 것이다. 어리숙하게 당하지 않을 자신이 있었다.

티마는 기겁했다.

"큰일 날 소리를 하는구나, 너! 이러라고 아빠가 나를 너한테 보낸 게 아니야!"

"그런 놈들은 피한다고 피해지는 게 아냐! 그리고 내가 피하면 또 다른 누군가가 피해자가 된다고! 너도 봤잖아!"

"그런다고 네가 미끼가 돼?"

"그럼 어떡해? 아직 나쁜 짓을 저지르기도 전에, 누군지도 모르는데 신고해서 잡으라고 할 수는 없잖아? 그리고 네가 뭐랬지?"

"……."

"결국 겪게 될 일은 겪을 수밖에 없다며. 계속 피하기만 하니까 이렇게 된 거잖아. 티마, 너무 걱정 마. 조심할 거고 너무 위험하면 도움을 요청할게."

티마는 할 말이 없는지 씩씩댔다.

"아까는 너무 급해서 네가 원한 시간대로 옮겨 주기는 했는데 이럴 줄 알았으면 절대 이 시간으로 안 왔어!"

"어쨌든 나는 또다시 통령을 만나기 전으로 돌아왔어. 그렇다고 전처럼 나만 무사하기 위해 아무 일도 안 할 수 없어. 그런다고 해결되는 건 없어."

"네가 다시 그 비밀 계정인가 뭔가를 만든다고 해서 또 그놈이 널 노릴까?"

나는 한참 골똘히 생각을 해 보았다.

"……예전이랑 똑같은 시간에 똑같은 내용의 글들을 올리면 되지 않을까?"

나는 자신 없게 말을 했다. 사실 언제 어떤 글을 올렸는지 정확히 기억이 나지 않았다. 하지만 대충 내용은 기억이 났다.

나는 그때 여름 방학인데도 학원과 집만 오가야 하는 생활이 끔찍해서 견딜 수 없었다. 엄마는 늘 피곤하고 나에게 무심했고…….

 최대한 그때의 마음을 떠올려서 그대로 통령에게 미끼를 던질 거다.

 그리고 나는 놈을 잡아서 꼭 응징할 것이다.


 며칠이 지났다. 세 번째 듣는 방학 특강은 티마의 말대로 너무 지루했다.

 혹시나 세 번째 여름에는 엄마가 바캉스를 데려가주지 않을까 기대했지만 엄마는 여전히 밤늦게 퇴근하고 텔레비전 보는 일상을 반복할 뿐 내 투덜거림을 조금도 신경 써 주지 않았다.

 나는 전보다 더 짜증 어리고 신경질적인 멘트를 SNS 비밀 계정에 보란 듯이 올렸다.

 하지만 예전과 달리 엄마에 대한 원망을 쓸 때는 조금 조심스러웠다. 바로 이것이 통령에게 미끼가 되어 나를 녀석의 그물 안에 갇히게 한 발단이었으니까. 그전처럼 거침없이 원망이나 욕이 나오지도 않았다. 나는 조금은 어색하게 기억을 더듬어 가며 그때 내가 했던 거친 생각들을 글로 올리기 시작했다.

지난번에는 내가 비밀 계정을 만들고 사흘이 좀 넘어서 통령이 댓글을 달아 주기 시작했다. 그런데 이상하게 이번에는 사흘이 넘도록 내 대나무숲에는 아무 댓글도 달리지 않았다. 말 그대로 '대나무숲'. 아무도 듣는 사람 없이 나 혼자 떠드는 공간이 되고 말았다.

"큰일 났네."

"나쁜 놈이 접근을 안 하는데 뭐가 큰일이 나! 차라리 잘 됐지, 뭐"

티마가 불퉁하게 말했다.

"이렇게 되면 지겨운 방학 특강을 세 번이나 듣는 보람이 없잖아!"

"그럴 리가! 방학 특강을 열 번을 들어도 아무 일 없는 게 좋은 거지!"

"아니야. 난 그놈을 꼭 잡을 거란 말이야!"

그때였다. '띠링' 하면서 휴대 전화에 SNS 메시지가 떴다는 신호음이 울렸다. 나는 서둘러 휴대 전화를 열고 들여다보았다.

통령 힘들지?

나는 환호했다. 그 녀석이었다.

"이것 봐, 티마! 통령이야! 그놈이 걸려들었다고!"

티마는 포르르 날아와 역겹다는 눈빛으로 통령의 메시지를 쳐다보았다.

"걱정해 주는 척하긴. 나쁜 놈!"

"맞아. 그러니까 꼭 잡아야지."

하지만 그전까지는 순진한 초등학생인 척해야 했다. 나는 킥킥 웃으면서 답장을 보냈다.

대나무  누구세요?

통령   그냥 지나가는 사람

대나무  학생이세요?

통령   ㅇㅇ

대나무  초딩?

통령   헐, 너 초딩이야?

대나무  네. 6학년이에요.

통령   초딩이 벌써 그렇게 사는 게 힘들어 한숨을 쉬면 어떡하냐?

예전과 같은 메시지가 오고 갔다. 나는 속으로 욕이 치밀었지만 꾹 참고 통령과의 대화를 이어 갔다. 하지만 전과 다른 점이 있다면 철저하게 내 정보를 통령에게 숨겼다는 점이다. 이전의 경험을 통해 나는 인터넷에서 익명의 사람과 개인 정보를 함부로 주고받는 것이 얼마나 위험한 일인지 뼈저리게 느꼈다.

나는 전에 내가 다니는 학교, 학원, 가족 관계, 엄마의 직장까지 세세하게 다 말해 버렸지만 이번엔 아무것도 가르쳐 주지 않고 그저 초등학생이며 외로움을 많이 탄다는 정도의 애매한 정보만 흘렸다.

통령도 그 점이 좀 답답한 모양이었다.

통령과 대화를 나누기 시작한 지 한 달 정도 됐을 때였다. 예전 이때쯤 통령은 내게 사진을 요구하기 시작했다. 그리고 다시 내게 접근한 녀석도 마찬가지로 한 달이 지나니 사진을 요구하기 시작했다. 패턴이 상습적인 걸 보니 역시 나 말고도 희생자가 많을 것 같았다.

통령   우리 이 정도면 많이 친해진 것 같은데 사진 정도는 교환하는 게 좋지 않아?

나는 긴장하기 시작했다.

이제 통령이 노골적으로 본색을 드러내기 시작한 것이다.

대나무 좋아요. 통령이 나이가 많으니까 먼저 사진 찍어 보내 주세요.

통령은 예전에 보내 줬던 단체 사진에서 오린 것 같은 희미한 사진을 보내 주었다. 하지만 그 사진은 분명히 가짜일 것이다.

대나무 에이. 이게 통령 사진
인지 어떻게 알아요?
종이에 통령이라고
이름 쓰고 오늘 날
짜랑 시간 써서 보내
주면 나도 믿고 보내
줄게요.

통령 짜증 나게 하네. 바
쁜 중학생 오빠가 너
같은 초딩한테 시간 내서 얘기 들어 줬으면 고마
운 줄 알아야지, 이래라저래라 시키는 게 많다.

대나무 내 사진 보고 싶지 않아요?

통령 네 사진 먼저 보내.

예전 같으면 통령이 화를 낼까 봐 벌벌 떨며 시키는 대로 했겠지만 이젠 그렇지 않다. 나는 통령과의 대화를 캡처해서 보관해 두었다.

통령은 끈질기게 나의 사진을 요구했다. 기프티콘을 주면서 살살 달래기도 하고 윽박지르기도 했다. 그러다 내 반응이 별로인 것 같자 나에게 관심을 끊고 다른 희생자를 찾으려 하는 것 같았다. 하지만 그렇게 둘 수는 없었다.

그래서 나는 역겨움을 꾹 참고 먼저 말을 걸고 친한 척 하기도 했다. 통령은 하는 수 없이 내가 요구한 대로 대충 얼굴을 머리카락으로 잔뜩 가린 사진을 보내 주었다.

**통령** 됐지?

통령의 사진은 내가 요구한 대로 통령이란 이름을 쓰고 그 밑에 날짜와 시간을 쓴 것이었다. 거의 머리카락만 나와서 얼굴은 제대로 알아볼 수 없었다. 하지만 얼굴이 제대로 드러나야 한다고 내가 요청한 적은 없으니까. 대신 메모지를 든 왼손 검지 끝에는 작은 점이 있었고 어두운 방 안 풍경이 조금 보였다.

'그렇다면 나도 비슷하게 보내 주면 되지.'

나는 얼굴을 머리카락으로 잔뜩 가린 사진을 찍어 통령에게 보내 주었다.

**대나무** 그럼 제 사진 보내 드릴게요.

통령은 내 사진을 보고 한동안 말이 없었다.

**통령**    이게 뭐야!

이 말 외에 아무 말도 안 붙이는 걸 보니 화가 난 것 같았다. 내가 약을 제대로 올리긴 한 것 같은데, 예상치 못한 반응에 나는 좀 당황했다.
'이러면 안 되는데…… 통령의 실체를 밝히고 녀석을 잡아넣어야 하는데…….'
하지만 그렇다고 내 얼굴이 나온 사진을 보낼 수는 없었다. 또다시 내 사진과 신상이 인터넷에 올라와 마구 욕을 먹는 상황은 견딜 수 없었다.
잠시 뒤 통령이 이상한 욕을 하기 시작했다. 그것은 차마 입에 담지 못할 심한 욕이어서 눈으로 보는데도 심장이 쿵쾅거렸다. 나는 놀라서 급하게 SNS 앱을 닫고 휴대 전화를 끄려고 했다.
하지만 생각해 보니 이것도 좋은 증거가 될 것 같았다. 이 메시지들을 그대로 캡처해서 경찰에 보내면 되는 것이다. 나는 그대로 통령이 지껄이게 뒀다.

통령은 그날 이후로 계속 나에게 험한 메시지를 쉴 새 없이 보내기 시작했다. 협박도 서슴지 않았다.

나는 쩔쩔매는 반응을 보였다. 실제로 나는 당황했고 어쩔 줄 몰랐다. 그건 예상하지 못한 스트레스였다.

"거봐. 그냥 조용히 피해 가자니까 왜 똥통을 건드려서는 이런 스트레스를 받니?"

티마가 혀를 끌끌 찼다. 나는 말없이 통령의 메시지를 캡처했다. 통령의 욕은 상상을 초월했다. 내 부모 욕은 물론이고 성적인 욕도 가득했다.

나는 괴로웠지만 한편으로는 잘됐다 싶었다. 내가 그동안 인터넷에서 살펴본 자료들에 의하면 이런 것도 얼마든지 법적으로 처벌받을 수 있는 것이었다.

나는 캡처 말고도 통령의 욕을 들은 나의 반응들을 빼곡히 일기장에 기록했다.

"도대체 뭘 하려는 거야?"

티마가 물었다.

"인터넷에서 봤는데 이런 걸 기록해 두면 나중에 저 녀석을 처벌할 때 도움이 된대."

정확한 진술을 해야 녀석을 수사하는 데 도움이 되는데

경찰들이 초등학생인 내 말을 그렇게 잘 들어 줄 것 같지 않았다. 그래서 아예 기록으로 남겨 두었다. 하지만 아무리 각오한 일이라고 하더라도 난생처음 듣는 욕에 마음이 편할 리 없었다.

나도 되받아서 욕해 준 뒤 당장이라도 통령을 차단하고 휴대 전화를 끄고 싶었지만 그럴 수도 없었다.

그러던 어느 날, 통령은 이런 메시지를 보냈다.

> 통령     너 내가 너에 대해 아무것도 모를 줄 알지? 나 너 어디 사는지 다 알아.

이러면서 통령은 내 전화번호와 엄마 전화번호를 메시지로 보냈다.

나는 머리가 하얘졌다. 이전에 나는 시시콜콜 통령에게 모든 정보를 다 얘기했기 때문에 그걸로 통령이 내 개인정보를 알아낸 줄 알았다. 그런데 그게 아니었다.

통령은 원래부터 나를 아는 사람인 것 같았다.

> 통령     너 대나무숲에 니가 한 엄마 욕, 네 엄마한테 보내

주면 어떻게 할래?

나는 망설이면서도 꾸역꾸역 엄마 욕을 예전처럼 썼던 것을 후회했다. 지난번에도 '바캉스도 못 갈 만큼 무능하고 무신경한 엄마'라는 말이 엄마에게 들어가는 게 제일 무서웠는데! 왜 그 말을 또 썼담. 그 말을 쓰지 않아도 통령 이 녀석은 나에게 접근했을지도 모르는데……. 이번에도 그 말이 내 발목을 잡을 줄이야.

도대체 이 녀석은 누구길래 내 정보를 아는 거지?

도대체 어떻게? 누구길래?

"도아야, 왜 그래?"

내가 휴대 전화를 붙잡고 멍하니 앉아 있자 티마가 걱정스럽게 물었다.

"이 녀석…… 날 아는 거 같아."

"뭐? 정말?"

티마가 놀라서 하늘로 솟구치다가 천장에 부딪혔다. 요정 가루가 천장에서 포르르 흩날렸다.

나는 혼란스러운 마음으로 휴대 전화를 껐다.

## 탐정 이도아

엄마는 여전히 늦게 퇴근을 했고 퇴근 후에는 멍하니 텔레비전에 집중했다.

당장이라도 엄마에게 달려가 나에게 일어난 일을 모두 털어놓고 울고 싶었다. 하지만 엄마의 피곤한 얼굴을 보니 그럴 수도 없었다.

엄마는 내 주변에 이상한 사람이 있어서 나를 협박하고 욕한다는 사실을 알면 어떻게 반응할까? 매일 직장에서 몸이 부서지게 일하느라 힘들고 피곤한데 내가 더 힘들게 한다고 짜증부터 낼까?

티마라도 있어서 참 다행이라는 생각이 들었다. 지금 내 상황에 티마처럼 얘기를 들어 줄 사람이라도 없었으면 나는 절망해서 벌써 무슨 짓을 했을 것 같다.

 나는 금방이라도 통령의 메시지 캡처 사진을 들고 경찰에 가서 신고하려고 했다. 하지만 그러면 경찰은 바로 엄마에게 연락을 할 텐데……. 엄마의 피곤한 얼굴을 보니 차마 그렇게도 할 수 없었다.

 엄마는 유일한 가족인 내가 그렇게 곤란한 상황에 처해 있다는 걸 알면 아마 놀라서 쓰러질지도 모른다. 나는 하는 수 없이 티마만 붙잡고 끙끙 앓았다.


 학원 쉬는 시간이었다. 방학 특강은 세 번째라 이제 선생님의 말은 외울 정도였지만 내 머릿속에는 딴생각들이 가득했다.

 "괜히 했나 봐. 티마 네 말대로 그냥 방학 특강 세 번 듣고 레벨이나 올릴걸."

 교실을 나오며 티마에게 중얼거렸다.

 "아니야, 도아야. 넌 용감해. 넌 정말 멋진 아이야. 너라면 충분히 현명하게 이 문제를 해결할 수 있을 거야."

 티마는 통령을 직접 잡겠다는 내 계획에는 반대했었지

만 지금은 나를 위로해 주었다.

"도아야, 우리 편의점 가서 라면 먹자."

다른 교실에서 나온 윤서가 옆에서 팔짱을 꼈다. 나는 윤서의 구김살 하나 없는 맑은 얼굴을 보았다.

그래, 내가 널 이렇게 구했구나.

티마 말대로 난 정말 멋진 아이일지도 모르겠다. 내가 예전에 '평범하지도 못하다'고 생각했던 것에 비하면 이건 엄청난 발전이었다. 하늘에 계신 아빠가 지금의 나를 보고 웃어 준다면 좋을 텐데…….

그러다 문득 이상한 생각이 들었다.

'윤서도 통령에게 당했었지?'

통령은 내가 이런저런 정보를 얘기하지도 않았는데 나를 알고 있었다.

'어쩌면 통령은 이 학원에 있는 사람일지도……?'

"얘들아, 가정 통신문 가져가라."

뒤에서 민호 쌤이 우리를 불렀다. 나는 생각에 잠겨 윤서를 따라 민호 쌤이 주는 가정 통신문을 받으러 가다 문득 민호 쌤의 손가락을 보았다.

검지에 점이 있었다.

나는 그대로 굳어서 민호 쌤의 얼굴을 뚫어져라 바라보았다.

민호 쌤은 정신없이 아이들에게 가정 통신문을 나눠 주다가 내가 계속 그 자리에 서서 뚫어지게 자신을 보자 의아해하는 얼굴로 나를 바라보았다.

"왜?"

나는 민호 쌤과 통령이 보내 준 그 어두컴컴한 사진이 닮았는지 머릿속에서 비교해 봤다.

일단 그 사진 속 통령의 검지에도 점이 있었다. 그리고 민호 쌤 손가락에도 점이 있었다. 그런데 민호 쌤 머리는 훨씬 단정하고 짧았다. 통령은 거의 코를 덮을 정도로 앞머리가 길고 덥수룩했다.

하지만 민호 쌤은 나와 윤서의 정보를 알고 손가락에 점이 있다. 머리는 가발을 쓰면 되는 것이고.

'설마 민호 쌤이 통령인 걸까?'

나는 순간 소름이 끼치고 숨이 턱 막혀서 화장실로 달려갔다.

"도아야, 왜 그래?"

놀라서 티마가 따라왔다. 나는 화장실 칸 안으로 들어가 덜덜 떨며 티마에게 통령이 보내 준 사진을 보여 주었다.

"이거 봐. 여기 손가락에 점 보여?"

"응."

"아까 가정 통신문 나눠 준 사람 손에도 점이 있었어. 그리고 통령은 하필이면 나랑 윤서, 이 학원에 다니는 애들을 상대로 그런 짓을 했단 말이야. 학원에 있는 사람이 범인이라는 증거 아니겠어?"

티마는 입을 손으로 막으며 숨을 들이켰다.

"설마 저렇게 다 큰 어른이 아이들한테?"

"티마, 100년 전 세상이랑 지금은 달라."

나는 학원 복도에 숨어 서류 정리를 하고 있는 민호 쌤을 훔쳐봤다. 그리고 휴대 전화를 꺼내 통령에게 메시지를 보냈다.

대나무 그동안 죄송했어요.

통령은 대답이 없었다. 민호 쌤도 여전히 서류 정리를 하고 있었다.

나는 다시 메시지를 보냈다.

대나무 저 원하시는 대로 사진 보내 드릴게요.

하지만 여전히 통령은 대답이 없었다. 민호 쌤도 일에 열중하고 있었다. 이것만으로는 확신이 부족하지만 그래도 민호 쌤에 대한 의심을 풀긴 어려웠다.

다시 수업 시작 시간이 되었다. 나는 한참 동안 민호 쌤을 노려보기만 하고 있었다.

"뭐 해? 수업 시작했어."

시영이가 나를 이끌었다.

그때 민호 쌤이 휴대 전화를 들었다. 그리고 뭔가 메시지를 확인하듯 열심히 보기 시작했다. 그런 뒤 부지런히 손가락을 놀리며 메시지를 쓰는 것 같았다.

'나한테 보내는 걸까?'

나는 시영이 손에 이끌려 교실로 들어오면서도 민호 쌤에게서 눈을 떼지 않았다. 하지만 내 휴대 전화에는 아무 메시지도 들어오지 않았다.

늦은 밤 통령이 메시지를 보냈다.

**통령**　사진 보내 준다더니 왜 안 보내?

"티마! 티마! 왔어! 왔어!"

나는 다급하게 티마를 불렀다. 티마가 포르르 날아와 머리 위를 맴돌았다.

"이게 정말 그 사람일까?"

티마는 심각한 표정으로 통령의 메시지를 들여다보더니 나에게 물었다. 티마는 나를 따라다녀야 하는 수호 요정이라 내가 민호 쌤 근처에 있을 때 민호 쌤 휴대 전화를 슬쩍 훔쳐보기도 했다.

"민호 쌤의 휴대 전화에는 너와 같은 SNS 앱이 없던걸."

티마의 말에 약간 실망하기도 했지만 앱은 얼마든지 숨겨 둘 수도 있는 것이다. 100년 만에 세상에 나와 본 요정이니 그런 것까지 알 수 없을 것이다.

나는 무슨 답변을 할까 한동안 휴대 전화만 노려보고 있었다.

"뭐라고 대답하지?"

"그냥 욕이나 해. 어차피 걔도 너한테 욕하잖아."

"그것도 좋은 방법이네. 그런데 내가 욕하면 무슨 짓을 할지 무서워서 못하겠어."

"하긴! 그런데 아무리 생각해도 나는 그 사람은 아닐 것 같아. 사람이 되게 진중해 보였거든."

"사람 겉으로만 봐서는 모르는 거야. 티마는 나보다 훨씬 오래 살았으면서 그것도 몰라?"

내가 티마와 옥신각신하는 사이 통령이 또 메시지를 보내왔다.

**통령**   기왕 보내는 거 이런 사진으로 보내 줘.

통령은 사진과 함께 메시지를 보냈다. 나는 티마와 얘기하느라 정신이 팔려 통령이 보내는 사진을 별로 긴장하지 않고 열어 보다가 나도 모르게 "꺄아악!" 하고 비명을 질렀다.

거기에는 완전히 벌거벗은 여자 사진이 있었다. 나는 너무 놀라서 휴대 전화를 떨어뜨렸다.

티마는 내가 떨어뜨린 휴대 전화로 날아가 사진을 보고 욕을 했다.

"이런 나쁜 놈!"

그때 엄마가 내 소리를 들었는지 방문을 열고 들어왔다.

"도아야, 무슨 일이니?"

나는 황급히 휴대 전화를 들어 숨겼다.

"아, 아무것도 아니에요. 그냥 벌레가……."

"무슨 벌레가 나왔다고 그렇게……."

그 순간에도 계속 '띠링, 띠링' 통령의 메시지가 들어오는 알림 소리가 휴대 전화에서 났다.

엄마는 내가 등 뒤로 숨긴 휴대 전화에서 계속 메시지 알림 소리가 들려오자 심상치 않은지 방을 나가려다 말고 가까이 다가왔다.

나는 등에 식은땀이 흘렀다.

"도아야."

왜 내가 잘못한 것은 아무것도 없는데 이렇게 부끄럽고 죄책감이 드는 걸까?

"휴대 전화 내놔 봐."

엄마는 화를 내겠지? 왜 진작 말하지 않았냐고? 혼자 해결하려고 한 내가 바보 같다고 하겠지? 하지만 나는 엄마에게 이런 모습을 보이고 싶지 않았다.

나는 엄마에게 항상 순진하고 사랑스러운 딸이고 싶었고 누군가에게 이런 취급을 받는 사람이라는 걸 알리고 싶지 않았다. 엄마가 나를 이제까지와 다르게 보고 실망하는 것이 싫어서였다.

무신경한 엄마가 아무리 원망스럽다고 하더라고 내 마음 깊은 곳에서는 엄마랑 싸우고 싶지 않았다. 엄마랑 화해하고 싶었다.

그런데 그런 내 바람을 깨트리고 제멋대로 나를 왜곡해서 내 허락도 없이 엄마에게, 세상에 알리겠단다. 나는 통령이 죽이고 싶도록 미웠다.

왜 내 주변 사람들과 내가 친하게 지내도록 놔두지 않는 거지? 나는 이상한 아이가 아닌데, 발랑 까지지도 않았는데! 당신들이 뭔데! 네가 뭔데!!

엄마는 내가 입을 꾹 다문 채 고개를 저으며 등 뒤로 감춘 휴대 전화를 내놓으려 하지 않자 억지로 휴대 전화를 빼앗았다.

그리고 통령에게서 오는 메시지와 사진, 그동안 주고받은 메시지를 빠르게 읽어 내려갔다. 엄마의 얼굴이 점점 하얘졌다.

스크롤을 올리는 손이 나중에는 파들파들 떨리고 있었다.

"도…… 도아야……."

"엄마……."

"이, 이 자식 뭐야……."

엄마의 입에서 험한 말이 튀어나왔다. 나는 더 불안해져서 어쩔 줄 몰랐다. 이미 사라진 시간이었지만 내가 불법 도촬범에게 사진을 찍혀 불안해하며 하루 종일 인터넷만 뒤지고 있을 때 엄마는 컴퓨터를 끄며 제발 그만하라고 버럭 화를 냈었다.

이번에는 얼마나 화를 낼까? 엄마는 맨날 나를 귀찮아하니까…….

"엄마……?"

나는 깜짝 놀랐다. 머릿속에 맴돌던 생각들이 순식간에 증발했다. 엄마가 나를 꼭 끌어안고 울고 있었다. 그러고는 계속해서 내게 말했다.

"미안하다, 도아야. 네가 이런 놈한테 이런 일을 당하는 줄도 모르고……. 혼자서 얼마나 힘들었니, 도아야. 엄마가 바쁘다는 핑계로 신경도 하나 못 쓰고……. 정말 미안해, 도아야!"

엄마의 말에 마음속으로 겨우겨우 단단하게 붙들고 있던 것이 와르르 무너지는 느낌이었다. 나는 걷잡을 수 없이 무너져서 엉엉 울음을 터뜨렸다.

맨 처음 통령에게 협박당하고 인터넷에 내 사진이 올라가는 바람에 옥상에서 뛰어내리던 순간과, 도촬범에게 사진이 찍혀서 불안감에 밤새도록 인터넷을 뒤지던 순간, 나와 같은 일을 당하고 같은 선택을 한 윤서를 구하기 위해 다시 시간을 되돌리던 순간, 그리고 다시 통령을 잡아넣기 위해 스스로 함정을 파고 그 안에서 기다렸던 순간까지, 그 두렵고 괴로웠던 순간들이 떠올랐다.

나는 이런 일을 감당할 만한 아이가 아닌데, 나는 그저 친구들과 스무디 사 먹고 웹툰 보는 게 좋은 어린아이일 뿐인데…….

"엄마, 무서워! 너무 무서워!"

"그래, 도아야! 걱정하지 마! 이제 엄마가 해결해 줄게! 내일부터 회사 쉬고 엄마가 다 해결해 줄게!"

어쩌면 처음부터 엄마에게 얘기했으면 간단했을지도 모른다. 엄마는 이렇게 날 귀찮아하지 않는데…….

솔직히 무서운 건 무서운 거다. 애써 무서운 척하지 않으려고 통령을 잡을 수 있다고 마음을 굳게 먹었지만 나는 너무 무서웠다.

엄마의 품에 안기자 내가 그동안 얼마나 무서웠고 힘들었는지 실감이 났다. 엄마와 나는 한참 동안 서로 끌어안고 울었다.

그리고 그다음 날 바로 경찰서에 가서 신고하기로 했다. 잡히든 안 잡히든 나는 더 이상 이 더러운 놈과 연락을 할 이유가 없었다.


"이제야 깨달았구나, 도아야."

공중에서 티마의 목소리가 들렸다.

나는 티마를 바라보았다.

티마는 웃고 있었다.

"네가 엄마에 대해 오해하고 있었던 거야. 엄마가 너를 얼마나 사랑하는지, 너를 얼마나 건강하게 키우고 싶어 하는지 알았지? 내 역할도 여기까지야. 진짜로 도움을 줄 수 있는 어른이 나타났으니 이제 나도 그만 내 자리로 돌아가야 할 것 같아."

"가지 마, 티마. 내가 필요로 할 때까지 계속 같이 있어

준다며? 나도 아직 티마가 필요해."

"아니야. 이제 넌 내가 없어도 돼. 어떤 힘든 일이 생겨도 이겨 낼 용기를 가지고 있잖아."

"그래도 내가 앞으로 감당하지 못할 위험한 일이 생기면 어떻게 해?"

"진짜 조력자를 찾아."

"진짜 조력자라는 게…… 우리 엄마야?"

티마는 따뜻한 미소를 지었다.

"그래. 세상에 누가 있겠어. 세상 끝까지 널 지켜 주고 보살펴 줄 사람, 너희 엄마야."

그랬다. 나는 엄마가 또 화를 내며 날 내버려 둘 줄 알았다. 그래서 이야기도 하지 못하고 혼자 해결하려 했던 것인데…….

"도아야, 세상 천지에 그런 일에 무심할 엄마는 한 명도 없어."

다행이었다. 엄마의 품 안에서 나는 그 사실을 깨달았다. 나는 엄마 품이 너무 따듯해 눈물이 핑 돌았다.

"그리고 네가 손 내밀면 언제든지 도와줄 사람들이 세상에 아주 많아. 넌 혼자가 아니야."

나는 화장실에서 도촬범을 신고해 주었던 언니, 신고하자마자 당장 달려왔던 경찰, 그리고 인터넷에 퍼진 사진들을 삭제해 주고 경찰 신고를 도와준다는 지원 센터 사람들을 떠올렸다.

티마가 없어도 어쩌면 나는 씩씩하게 잘해 나갈 수 있을지도 모른다.

"도아야, 넌 정말 용감하고 멋진 아이야. 알잖아. 넌 친구를 구했고 나쁜 짓한 사람들을 용감하게 신고했어. 그 통령이란 놈도 꼭 잡을 수 있을 거야."

티마는 점점 희미해지고 있었다. 나는 다급해졌다.

"보석이 하나 더 남았잖아, 티마!"

"그건 시간을 되돌리는 보석이 아니야. 언젠가 네게 그게 필요한 순간이 오면 다시 찾아올게. 그럼 안녕."

"가지 마, 티마!"

나는 티마를 계속 불렀지만 점차 희미해지던 티마는 눈앞에서 완전히 사라져 버렸다.

나는 허공 속에서 계속 티마를 찾았지만 티마는 어디에도 없었다. 마지막 하나의 보석만 남은 요술봉을 힘껏 휘두르며 티마를 불러 보았지만 티마는 다시 나타나지 않았다.

눈물이 나려고 했지만 나는 심호흡을 하며 눈물을 참았다. 힘든 시간을 겪어 내면서 누구보다 의지한 티마였지만 이젠 엄마와 세상을 의지하며 헤쳐 나가야 한다.

나는 이 세상에서 살고 있으니까.

# 범인은 바로 너!

　엄마와 함께 경찰서를 찾아가 통령에 대한 수사를 요청했다. 여성 청소년계의 형사님이 사건을 접수했고 나는 그간 캡처한 사진들과 기록들을 하나도 빠짐없이 전달했다.
　경찰은 이번에 내가 당한 형태의 범죄는 사이버 불링 cyber bulling(스마트폰 메신저와 휴대 전화 문자메시지 등을 이용해 특정인을 지속적으로 괴롭히는 행위)이고 통령이 내게 벌거벗은 여자의 사진을 보낸 것은 성폭력 처벌법에 의해 처벌받을 수 있다고 했다. 경찰 아저씨는 나에게 꼼꼼하다며 칭찬해 주었지만 내가 사용한 SNS 회사가 외국에 있어 통령의 정보를 전달받는 데 두 달이 넘게 걸린다고 했다.

사실 내가 제일 걱정한 게 이것이었다. 그동안 내가 알아본 정보로도 외국 SNS를 쓰면 범인을 잡기 힘들다고 들었다. 그래서 나는 어떻게든 통령을 잘 구슬려 내가 직접 잡아 보려 한 것이다.

나는 통령에게 받은 사진을 보여 주며 그걸로 잡을 수는 없겠느냐고 물었다. 경찰 아저씨는 사진을 한참 보더니 이렇게 불분명한 사진으로는 어떤 단서도 찾기 힘들다며 고개를 저었다.

"두 달만 기다리면 돼, 도아야. 그동안 우리 분하지만 조금만 참자."

엄마는 경찰서에서 나오며 내 어깨를 두드렸다. 하지만 나는 참을 수 없었다.

범인이 누군지 뻔히 짐작 가는 사람이 매일 눈앞에서 왔다 갔다 하는데 어떻게 두 달을 참으라는 말이지? 두 달 동안 그 사람이 멀쩡하게 내 눈앞에서 돌아다니는 꼴을 보다가 결국 잡혀간다 해도 후련할 것 같지가 않았다.

엄마는 오늘은 학원을 쉬어도 좋다고 했지만 나는 그러기 싫었다.

"엄마, 나 누군지 짐작 가는 사람이 있어."

"뭐?"

"오늘 나랑 같이 학원에 가자. 그 사람 도망갈지도 모르거든."

나는 엄마에게 통령의 사진을 보여 주며 설명했다. 검지에 있는 점. 그리고 그 사람이 내 전화번호와 엄마 전화번호까지 다 알고 있는 걸로 미루어 봐서 분명 나를 아는 사람일 거라는 추측까지.

"그런데 학원에서 이 사진이랑 똑같은 점이 있는 사람을 봤어."

엄마는 긴장하며 고개를 끄덕였다. 그러고는 서랍을 뒤적거리기 시작했다.

"호신용 전기 충격기야. 무슨 일 있을 때를 대비해서 준비해 뒀지."

엄마는 손바닥 길이만 한 검은색 막대기를 꺼냈다. 끝에는 두 개의 침이 달려 있었다. 엄마가 같이 가 준다고 해서 갑자기 용기가 솟구쳐서 학원으로 향하는 걸음걸이가 당당해졌다.

민호 쌤은 고등부 교실에서 시험지 채점을 하고 있다고

했다. 우리는 미리 원장 선생님께 상황을 설명하고 원장실에서 민호 쌤을 기다렸다. 원장 선생님의 호출을 받은 민호 쌤이 어리둥절한 얼굴로 원장실로 들어섰다. 민호 쌤을 보자 나보다 더 흥분한 엄마가 일어나 외쳤다.

"휴대 전화 내놔 봐요!"

"네?"

"원장님께 상황 다 설명했으니까 일단 휴대 전화 내놓으라고요!"

민호 쌤은 눈살을 찌푸렸다.

"그, 그건 좀 곤란한데요. 제 프라이버시입니다."

"얼른 내놓지 않으면 당장 경찰에 신고하겠어요!"

"네?"

민호 쌤은 어처구니가 없다는 듯이 되물었다.

원장 선생님이 민호 쌤에게 굳은 얼굴로 최대한 완곡하게 상황을 설명했다. 그러자 민호 쌤이 황당한 표정을 지으며 고개를 절레절레 흔들었다.

"무슨 소리예요? 저는 그런 적 없어요! 나를 뭘로 보고!"

내가 나서서 통령이 보낸 인증 사진을 들이밀었다.

"이 사진 보낸 거 민호 쌤 맞잖아요! 검지에 점 있고!"

 민호 쌤은 잠시 사진을 들여다보더니 자기 검지를 바라보았다.
 "이건 왼손이잖아요. 보세요, 저는 오른손 검지에 점이 있다고요!"
 그러면서 오른손을 내밀었다.
 나는 당황해서 민호 쌤이 내민 오른손 검지를 바라보았다. 엄마도 놀라서 사진과 민호 쌤의 오른손을 번갈아 바라보았다.

"호, 혹시 사진을 반전해서 보냈을 가능성은?"

"아냐, 도아야. 얼핏 보면 비슷한데 점 모양이랑 위치가 조금 달라."

우리는 당황스러운 눈빛으로 민호 쌤을 바라보았다. 짐작만으로 사람을 범인으로 몰다니 너무 미안했다.

"죄, 죄송합니다!"

나와 엄마는 고개를 깊이 숙이며 여러 번 사죄했다.

"우리 도아가 요즘 너무 안 좋은 일을 당해서……."

"아, 엄마! 얘기하지 마!"

"아, 그래. 저, 얘기할 수는 없지만 좀 이해해 주세요. 저희가 정말 곤란한 일이라……."

원장 선생님은 화난 목소리로 우리를 나무랐다.

"아니, 제대로 알아보고 사람을 잡으셔야지, 하마터면 죄 없는 사람을 아주 추악한 범인으로 몰 뻔했잖습니까!"

"죄송합니다, 죄송합니다."

우리가 우왕좌왕 변명을 하고 있는 새 민호 쌤은 말없이 내가 보여 준 통령의 인증 사진을 보고 있었다.

"지금 이 사람을 찾고 있는 겁니까?"

"네?"

"이 사진. 화질 개선을 하면 단서를 좀 찾을 수 있을 것 같은데……."

"아, 그거 경찰에서도 해 봤는데 나온 단서가……."

민호 쌤은 내 휴대 전화에서 고개를 들고 나와 엄마를 바라보았다.

"제가 좀 해 봐도 될까요?"

"네?"

엄마와 나는 뜻밖의 제안에 당황한 얼굴로 서로를 바라보았다.

민호 쌤이 컴퓨터에 인증 사진을 넣고 어떤 프로그램에 돌리자 어둑한 방 안의 모습이 훨씬 환하고 선명하게 드러났다.

방은 지저분했다. 온통 쓰레기가 뒹굴고 있었고 벽에는 이상한 포스터 같은 게 붙어 있었다.

"이 사람 신상에 대해 아는 게 더 있니?"

"자기 말로는 중학생이랬는데, 아닌 것 같아요. 제 전화번호랑 엄마 전화번호까지 알아냈는걸요."

"혹시 너 SNS 부계(비밀 계정)랑 본계(본 계정)랑 아이디 같은 거니?"

"네?"

사실 시영이가 처음 비밀 계정 만드는 방법을 가르쳐 줬을 때는 진짜로 누군가에게 들키지 않고 만들려는 생각 같은 건 없었기 때문에 본 계정에다 1만 더 붙여서 만들었다. 그건 내가 주로 쓰는 이메일 아이디와도 똑같았다.

그리고 나중에 시간을 돌려서 다시 만들었을 때도 똑같은 상황을 만들어야 통령이 걸려들 것 같았기 때문에 똑같은 아이디로 계정을 만들었다.

민호 쌤은 내 비밀 계정 아이디에서 1을 빼고 검색 사이트에 입력했다. 그러자 내가 그동안 인터넷에 올린 글들이 주르륵 나왔다. 동영상 사이트에 올린 댓글과 내 사진이 올라와 있는 공개 SNS 계정…….

공개 계정에서는 엄마와의 가족관계가 확인이 가능했고 엄마의 아이디를 검색 사이트에 치니까 엄마가 중고 물건을 사고팔기 위해 올린 전화번호가 나와 있었다.

"세, 세상에……."

엄마와 나는 너무 놀라서 입을 다물지 못했다.

민호 쌤이 선명하고 밝게 만든 사진을 자세히 보니 벽에 붙어 있는 포스터에 애니메이션 그림이 그려져 있었다.

"이 애니메이션은 외국에서는 유명한데 우리나라에는 별로 팬이 없어요. 이름은 들어 봤는데, 아마 팬 카페에 들어가 보면 이 녀석에 대한 정보를 알 수 있을지도 몰라요."

"선생님은 어떻게 그런 걸 다 아세요?"

민호 쌤은 피식 웃었다.

"그냥 누구나 시간만 많으면 다 알 수 있는 거야."

"선생님, 정말 고마워요."

나는 다시 깊이깊이 고개를 숙이며 감사를 표했다.

민호 쌤은 평소와 마찬가지로 말이 없었다. 그저 쑥스럽다는 듯이 웃었을 뿐이다.

민호 쌤의 미소를 보자 미안하고도 기분이 좋았다.


민호 쌤이 가르쳐 준 애니메이션 팬 카페에 가입해서 통령이 썼을 만한 글을 찾아보았지만 별다른 단서는 찾을 수 없었다.

하지만 팬 카페에서 며칠 후 코스프레 모임을 한다는 공지를 올렸고 나는 거기에 가서 통령을 찾기로 했다. 통령이 나올 수도 안 나올 수도 있었지만 만에 하나라도 가능성이 있다면 놓칠 수 없었다.

며칠 후 나는 엄마와 함께 다시 진짜 통령을 찾기 위해 만반의 준비를 하고 모임 장소로 향했다.

대나무  전에 보내 준 사진은 잘 받았어. 그런데 내 전화번호도 안다면서 왜 한 번도 전화 안 해? 알고 보면 변태에 찐따 아님?

나는 일부러 통령을 자극하기 위해 메시지를 보냈다.

통령  미친 ×. ××하네. 너 내가 니네 학교에 니 정보랑 사진 다 뿌려서 인생 망가뜨릴 거야. 너 아주 발랑 까지고 못된 애라고 전 세계에 다 퍼뜨릴 거야.
대나무  그러시든가. 난 아무것도 안 할게. 네가 파렴치하고 찌질한 놈인 거 내가 굳이 안 퍼뜨려도 주변이 다 알 거니까.

"너 꼭 그렇게까지 해야겠니?"

통령이 내게 보내는 말이 점점 험악해지자 엄마가 걱정스러운 듯이 나를 봤다.

"하지만 계속 메시지를 주고받아야 누가 통령인지 확인할 수 있는걸."

엄마는 알았다는 듯이 고개를 끄덕였지만 마음이 진정되지는 않는 것 같았다.

마음이 불편하기는 나도 마찬가지였다. 당장이라도 휴대전화를 끄고 엄마와 다른 데로 가고 싶었지만 그럴 수는 없었다.

나는 계속 통령의 화를 돋울 수 있는 말이 뭘까 고민했다.

사실 통령이 알고 있는 정보라야 내가 이미 다 공개한 SNS 정보뿐이라서 나는 더 용기를 내기로 했다. 통령이 어떻게 그걸 왜곡해서 퍼뜨리든 난 아니니까. 나를 아는 사람이라면 통령의 말보다 내 말을 믿어 줄 테니까. 조금은 억울할 수도 있겠지만 그것도 감수하지 못하면 통령은 잡을 수 없었다.

통령이 가진 내 정보에 비하면 내가 통령에 대해 가진 정보가 훨씬 많다. 적어도 나는 오늘 통령이 있을 만한 확률이 매우 높은 장소를 알고 있고, 직접 현장에 와 있다.

나는 코스프레한 사람들 손을 유심히 살피며 왼손 검지에 점이 있는 사람을 찾았다. 우리나라에 아주 적은 팬을 갖고 있는 애니메이션이라고는 했지만 생각보다 모인 사람들은 많았다. 적어도 100명은 되는 것 같았다.

'혹시 이 중에 통령이 없으면 어떡하나?'

나는 계속 통령과 메시지를 주고받았다.

**통령** 너 학교 ×× 다니지? 너 학원 ○○○ 다니지?

나는 헛웃음이 픽 나왔다. 그건 내 공개 SNS 계정을 알면 다 나오는 것이었다. 그리고 그외의 정보는 검색 사이트에서 검색 몇 번만 하면 다 나오는 것이었다. 이것도 모르고 통령이 뭔가 대단한 존재인 줄 알았다니!

**대나무** 통령님, 제가 정말 잘못했어요. 제발 한 번만 봐주세요. 네?

나는 킥킥대며 메시지를 보냈다.

그 순간 옆에서 '띠링' 하며 익숙한 SNS 알림 소리가 들렸다. 그리고 낮고 음흉한 웃음소리가 들렸다.

"웃기는 기집애…… 주제도 모르고 깝치긴."

나는 뒤를 돌아보았다. 머리는 떡 지고 키는 나만 한데 앙상하고 비리비리한 남학생이 킥킥대고 있었다. 휴대 전화를 쥔 왼손 검지에 점이 있었다.

나는 냅다 그 남학생의 휴대 전화를 빼앗았다.

**대나무** 통령님, 제가 정말 잘못했어요. 제발 한 번만 봐주세요. 네?

내 메시지가 있었다.
통령이었다!

"아, 뭐예요?"

통령은 당황해서 나를 보면서도 시선을 똑바로 마주치지 못했다. 이런 비겁하고 보잘것없는 녀석에게 휘둘렸다니 너무 화가 났다. 내가 말없이 휴대 전화를 들고 그 녀석을 노려보고 있자 엄마가 통령의 팔을 턱 붙잡았다.

엄마는 통령보다 한 뼘 정도 키가 더 컸다. 그런데 엄마가 팔을 얼마나 세게 붙잡았는지 통령은 죽을 듯이 비명을 질렀다.

"으아아악!"

통령은 꼼짝도 못 하고 엄마에게 제압당했고, 나는 휴대 전화로 재빨리 112 버튼을 눌렀다. 통령은 몸부림쳤다.

"뭐야, 당신들 뭐야?"

경찰이 전화를 받자 나는 통령 들으라는 듯이 또박또박

말했다.

"여기요, 초등학생인 저한테 SNS 메시지로 몇 달 동안 매일매일 성희롱하고 아주아주 더러운 사진 보내고 협박하고 그랬던 사람을 잡았어요! 키 160 조금 넘는 우리 엄마가 잡으니 꼼짝도 못 할 만큼 비리비리하고 찌질해서 막 그렇게 급하게 오시지 않아도 될 거 같고요. 아, 냄새는 좀 많이 나니까 오실 때 탈취제 한 병 부탁드릴게요."

"아줌마, 저 아니에요! 저 안 그랬어요!"

통령은 내가 112에 신고하는 소리를 듣자 사색이 되어 빠져나가려고 애쓰면서 엄마에게 싹싹 빌었다. 하지만 엄마는 절대 놔줄 기색이 아니었다.

"너 이 자식! 여기 있는 사람들한테 네가 무슨 짓을 했는지 다 얘기하기 전에 가만히 있어! 지금 내가 너 봐주려고 참고 있는 줄 알아? 우리 도아가 조금이라도 맘 다칠까 봐 얘기 못 하고 있는 거야. 그러니까 내가 조용히 잡고 있을 때 너도 닥치고 얌전히 있어!"

"아줌마, 잘못했어요. 한 번만 봐주세요, 제발……."

통령은 자기가 뭐라고 말하는지도 모르는 것처럼 아무 말이나 지껄이고 있었다.

그러자 엄마가 폭발했다.

"왜 나한테 사과해! 이 더러운 놈아! 내 딸한테 사과해! 지금 당장! 무릎 꿇고 빌어!"

엄마는 말끝에 울먹이기까지 했다. 엄마가 거칠게 통령을 떠밀자 통령은 자기도 모르게 내 앞에 무릎을 꿇었다. 그러고는 잘 들리지도 않게 중얼거렸다.

"미, 미……."

그 말이 그렇게 하기 어려울까?

나는 그런 통령을 한심하게 보며 말했다.

"닥쳐! 너같이 더러운 놈한테는 사과도 받기 싫어! 하나도 봐주지 않을 거니까 넌 경찰서 가서 쇠고랑 차면 되는 거야! 운 좋게 빨리 나온대도 너 같은 성범죄자는 평생 감옥 들락거리면서 산다더라! 나중에 크면 남들 비싼 손목시계 차고 다닐 때 넌 발목에 전자발찌나 차고 다니겠지! 평생 그렇게 버러지처럼 살 거야! 난 정말정말 멋진 어른이 될 거고! 그게 내 복수야!"

## 찬란한 미래

통령은 키가 나만 했지만 놀랍게도 만 14세보다 나이가 많아 형사처벌을 받을 수 있다고 했다. 중학교 3학년이었던 것이다.

엄마는 마지막 순간에 화를 참지 못하고 통령에게 욕을 퍼부어 준 나를 꼭 끌어안아 주었다. 나도 엄마를 꼭 끌어안았다. 내 인생 최악의 악당을 잡는 순간에 엄마가 함께해 주었다는 사실은 평생 잊을 수 없을 것 같았다. 나 혼자였다면 절대 통령을 그렇게 깔끔하게 잡지 못했을 것이다.

하지만 며칠이 지난 후에도 나는 SNS 알림 소리에 놀라서 잠이 깨곤 했다. 물론 진짜로 들리는 소리가 아니었다.

나는 통령을 잡고 나서 바로 SNS 앱을 지워 버렸다. 그런데도 환청이 들렸다.

이런 것도 시간이 지나면 나중에 다 괜찮아지는 것일까? 그런 일을 세 번이나 겪고도 나는 멀쩡하고 편안하게 다시 살 수 있는 것일까? 나는 정말 통령에게 말한 대로 멋진 어른이 될 수 있는 것일까?

큰소리치긴 했지만 사실은 별로 자신이 없었다. 나는 맨 처음 친구들에 대한 질투심과 엄마에 대한 불만으로 대나무숲을 만들어 거기에 이런저런 말도 안 되는 생각들을 토해 놓던 나 자신을 기억했다. 당시 나는 스스로 정말 보잘것없다고 생각했다. 자존감이 바닥이었던 것이다.

나는 그 이후로 친구들을 구해 냈고, 티마로부터 멋지고 용감한 아이라는 말도 들었고, 어느 정도 자존감도 회복됐다. 하지만 내 미래가 어떻게 될지는 알 수 없었다. 나는 알 수 없는 불안감에 침대 속에 기어들어 가 한껏 웅크렸다.

"아직도 그렇게 확신이 없어?"

쾌활한 목소리가 들렸다. 티마였다.

나는 반가워서 침대에서 벌떡 일어났다.

"티마, 돌아온 거야? 이제 다시 내 수호 요정으로 돌아오는 거지?"

"마지막 한 개의 보석이 필요한 때가 온 것 같아서 돌아왔어."

"마지막 보석?"

나는 침대 밑에서 가운데 커다란 보석 하나만 남은 요술봉을 꺼내들었다.

깨어진 세 개의 보석이 쓸쓸했다.

"이 마지막 보석은 네 미래의 모습을 살짝 엿보게 해 주는 보석이야. 너한테는 자신감이 필요하니까"

"내 미래의 모습?"

"괜찮아질까 걱정했잖아. 불안해하기도 하고."

티마는 요정 가루를 휘리릭 모으더니 가운데 투명한 보석을 향해 쏘았다.

순간 보석에서 눈부신 빛이 뿜어져 나오더니 나는 또 어디론가 쏜살같이 옮겨졌다.

공중에 붕 뜬 느낌이었다.

나는 깜깜한 골목길 한구석에 세워진 자동차 안에 어떤 덩치 큰 아저씨와 나란히 앉아 있었다.

"이 경위님, 아무래도 오늘도 헛탕일 것 같습니다."

아저씨는 후루룩 컵라면을 먹으며 말했다.

"잔말 말고 전방 주시하면서 먹어."

나도 모르게 나오는 거친 말투에 나는 깜짝 놀랐다. 그 순간, 지금 나는 불법도박 사이트 운영자를 잡기 위해 잠복근무 중인 형사이고 옆에 있는 아저씨는 나보다 네 살이나 어린 내 후배 형사라는 것까지 머릿속에 떠올랐다.

그때였다. 내 옷깃에 달린 무전기에서 '치직' 하는 소리가 나더니 음성이 들렸다.

"용의자 차량 그쪽으로 이동합니다. 725X 용의자 차량 이동합니다."

나는 순간 긴장하며 차에 시동을 걸었다. 헤드라이트 불빛이 저 앞에서 다가오더니 725X 번호판을 단 검은 차가 나타났다. 나는 그 차를 서서히 따라갔고 차에서 한 사람이 내리자 후배 형사와 함께 차에서 내렸다.

"임길호 씨!"

나는 용의자에게 소리 없이 다가가 어깨를 탁 잡고 팔을

비틀었다. 그 순간 임길호라는 용의자는 "으아아악!" 소리를 지르며 나를 밀치고 도망을 갔다.

"거기 서!"

나는 원래 달리기에 자신이 없었다. 하지만 얼마나 열심히 훈련을 했던 건지 용의자를 추격하는 다리가 아주 튼튼하고 날랜 느낌이었다. 아무리 달려도 숨이 차지 않는 튼튼한 폐도 갖고 있었다.

세상에, 이렇게 되기까지 얼마나 노력을 했을까? 나는 정말 멋진 어른이 되어 있었다!

용의자는 곧 돌부리에 걸려 넘어졌고 나는 다시 그의 손목을 붙잡아 수갑을 채웠다.

"당신은 변호사를 선임할 권리가 있고……."

"뭐야, 티마, 나 형사가 된 거야?"

티마가 잠깐 옮겨다 준 미래에서 돌아오자 나는 어이가 없어 하하하 웃으며 물었다.

"왜, 마음에 안 들어?"

나는 고개를 저었다.

잠깐이긴 했지만 범인을 잡았을 때의 기쁨은 내가 통령을 잡았을 때의 짜릿함과 비슷했다. 나는 멋진 경찰이 된 것이다.

나는 아직 닥치지도 않은 일에 두려워 떨며 침대 속에 웅크리고 있던 때를 떠올렸다. 지금은 다 지나간 일인데도 두려워서 웅크리고 있었던 것이다.

하지만 나는 언젠가 다 떨치고 일어날 것이다. 더 이상 두려움과 불안에 떨지 않을 것이다.

언젠가 이 방구석에서 나가 넓은 세상을 보고 겪으며 힘껏 살아갈 것이다. 나는 고통스러운 경험에 발목 잡히지 않을 것이다.

나에게는 찬란한 미래가 기다리고 있으니까.

작가의 말

온라인의 생활화와 기술의 발전으로 디지털 성범죄가 날로 심각해지고 있습니다. 피해 대상은 여성, 남성 가리지 않고 아동·청소년 비율도 점점 늘어나고 있습니다. 6학년 보건 교과서 '성폭력 함께 예방하기' 단원에도 디지털 성범죄 관련 내용이 추가됐다는 이야기를 듣고 생각하기도 싫은 이런 끔찍한 일이 얼마나 우리 가까이 침투했는지 깨달았습니다.

정말 모두가 나서서 보호하고 건강하게 자라도록 도와야 하는 아이들이건만, 일부 몰지각하고 악의적인 사람들 때문에 알게 모르게 수많은 피해 청소년들이 있다고 합니다. 이에 조심스러운 주제이지만, 우리 아이들에게 사이버 공간에서의 성적인 괴롭힘과 불법 촬영물 유포·협박 등 디지털 성범죄의 심각성과 대처 방법을 동화를 통해 알려 주면 어떨까 생각했습니다.

며칠 인터넷 기사를 검색한 후 무작정 '디지털 성범죄 피해자 지원 센터(https://d4u.stop.or.kr/)'라는 곳에 취재를 위해 전화를 걸었습니다. 하지만 답변은 지금 처리해야 할 의뢰가 너무 많아 취재에 협조할 수 없다는 것이었습니다.

'도대체 얼마나 민원이 많길래?'

의아한 마음에 기사를 검색해 봤습니다. 그랬더니 2019년에만 월평균 8,213건의 의뢰를 처리했다는 기사를 보았습니다. 2019년 전체가 아니라 한 달에 8,000여 건의 의뢰가 들어온다는 것입니다. 저 같은 한가한 작가의 취재를 도울 여력은 당연히 없었을 테지요.

이렇게 많은 사람들이 디지털 성범죄에 노출되어 있습니다. 지원 센터에 도움을 요청할 생각조차 못 하는 피해자들은 더 많을 것입니다. 기사에서 익히 봐 온 것처럼 대상은 초등학생부터 어른까지 나이를 가리지 않습니다. 특히나 정보가 없고 판단력이 미숙한 미성년자들은 더 쉽게, 더 잔혹하게 범죄의 대상이 되기 쉽습니다.

하지만 정말 경각심을 가져야 할 일임에도 범죄 자체가 '성범죄'이다 보니 어른들은 아이들에게 극히 제한된 정보

만을 주려 합니다. 더 활발해지는 인터넷과 SNS의 활용으로 아이들이 언제 어디서든 디지털 성범죄에 노출될 수도 있는데 말입니다.

 디지털 성범죄는 더 흉악해지고, 대상을 가리지 않고 있는데, 어떻게 하면 아이들에게 경각심을 심어 주고, 바르게 대처하게 할 수 있을까 생각했습니다. 사회적 안전 장치도 필요하고, 부모님들도 각별히 신경 써야 할 겁니다. 학교 선생님들도 마찬가지고요. 저 같은 작가도 글을 통해 힘을 실어 줄 수 있겠지요.

 동화를 쓰기 위해 취재를 하면서 알게 된 것은 디지털 성범죄 피해를 입은 친구들이 말도 안 되는 죄책감을 끌어안고 더 숨기려 하고 자책을 한다는 사실입니다. 그러다 보니 주변의 어른들에게 도움을 요청하지도 못합니다.

 저는 아이들에게 결국 나쁜 사람들은 법의 처벌을 받는다는 걸 알려 주고 싶었습니다. 혹시 나쁜 일이 생겼어도 자신을 탓하지 말고 주변 사람들, 특히 어른들의 도움을 받을 수 있다는 얘기를 꼭 말해 주고 싶었습니다. 제일 하고 싶은 얘기는 그것이었습니다. 아이들에게 용기를 주고 싶었습니다.

이렇게 험악하고 건강하지 못한 사회에서 우리는 어떻게 살아야 할까요? 당연히 나쁜 범죄에 휘말리지 않도록 조심해야 하겠지요. 그렇지만 범인을 잡아도 불안하고 두려울 수 있습니다. 도아처럼요. 하지만 우리가 밝은 미래를 꿈꾸고 의지를 잃지만 않는다면 어떤 악의 세력이라 할지라도 우리의 삶에 털끝 하나 영향을 주지 못할 것입니다. 두려워하지 말고 어떤 상황에서도 힘껏 용기내서 살아가세요. 우리의 미래는 훨씬 밝고 찬란할 테니까요.

최수현